여성위생용품 산업분석보고서

2021개정판

저자 비피기술거래 비피제이기술거래

㈜ 비티타임즈

<제목 차례>

1. 서론 ·· 2

2. 여성위생용품 개요 ··· 4
　가. 여성위생용품 종류 ·· 4

　나. 여성위생용품 특성 ·· 5
　　1) 체외형 생리대 ·· 5
　　2) 체내형 생리대 ·· 7
　　3) 팬티 라이너 ··· 14
　　4) 여성 청결제 ··· 14

3. 여성위생용품 역사 ·· 16
　가. 생리대의 역사 ·· 16
　　1) 1세대 생리대(인류초기~1919) 파피루스, 나무껍질형태의 생리대 ··············· 16
　　2) 2세대 생리대(1920~1950) 무명천 생리대 ·· 16
　　3) 3세대 생리대(1920~1969) 탈지면 생리대 ·· 16
　　4) 4세대 생리대(1970~2010) 흡수력위주의 생리대 ··· 17

　나. 탐폰의 역사 ·· 17

　다. 생리컵의 역사 ·· 18

　라. 우리나라 생리대 역사 ·· 19
　　1) 1960년대, 국내 최초 일회용 생리대 ·· 19
　　2) 1970년대, 자유를 안겨준 최초의 접착식 생리대 ·· 19
　　3) 1980년대, 기적의 흡수제, 미라클젤 ·· 20
　　4) 1990년대, 생리대 TV 광고, 심의의 벽을 넘다 ·· 21
　　5) 2000년대 이후, 다양한 생리용품 ·· 21

4. 여성위생용품 국내 이슈 ·· 23
　가. 생리대 가격 논란 ·· 23

　나. 생리대 재난구호용품 제외 ·· 24

　다. 생리대 유해물질 논란 ·· 25

라. 팬티라이너의 안전기준 미흡 ···················· 28

마. 생리컵, 국내 첫 수입·판매 허가 ···················· 30

바. 2020년 생리대 97% 발암물질 검출 ···················· 31

5. 여성위생용품 국내 시장 분석 ···················· 34
가. 생리용품 시장분석 ···················· 34
  1) 생리용품 시장분석 ···················· 34
  2) 생리용품 소비자조사 ···················· 50

나. 팬티 라이너 시장분석 ···················· 53

다. 여성 청결제 시장분석 ···················· 54

6. 여성위생용품 세계 시장 분석 ···················· 64
가. 세계 여성위생용품 시장 현황 및 전망 ···················· 64

나. 성장하는 생리대 시장 국가분석 ···················· 66
  1) 중국 생리대 시장 ···················· 66
  2) 베트남 생리대 시장 ···················· 75
  3) 미국 생리대 시장 ···················· 79

7. 여성위생용품 기업분석 ···················· 84
가. 국외 기업 분석 ···················· 84
  1) 프록터 앤드 갬블(P&G) ···················· 84
  2) 유니참(Unicharm) ···················· 88
  3) 엣지웰 퍼스널 케어(Edgewell Personal Care) ···················· 91
  4) 킴벌리 클라크(Kimberly-Clark) ···················· 93

나. 국내 기업 분석 ···················· 95
  1) 유한킴벌리 ···················· 95
  2) 엘지유니참 ···················· 103
  3) 깨끗한나라 ···················· 105
  4) P&G코리아 ···················· 109
  5) 하우동천 ···················· 111

6) 동아제약 ·· 115

7) 웰크론헬스케어 ·· 119

8) 지앤이바이오텍 ·· 124

9) 이지앤모어 ··· 127

8. 결론 ··· 131

9. 부록: 여성위생용품 순위 ·· 135

가. 해외 친환경 유기농 생리대 TOP3 ······································ 135

1) 나트라 케어(Natra care) ·· 135

2) 콜만 (Corman) ·· 136

3) 뷰코셋 (Vuokkoset) ·· 137

나. 전 세계 생리컵 BEST 5 ·· 138

1) 루비컵 (Ruby Cup) ·· 138

2) 메루나 (MeLuna) ·· 139

3) 유우키 (Yuuki) ·· 140

4) 플뢰르 (Fleur Cup) ··· 141

5) 러브유어바디 (Luv Ur Body) ·· 142

다. 여성청결제 국내순위 TOP5 ·· 144

1) 아로마티카 퓨어 앤 소프트 여성 청결제 ································· 144

2) 더마토리 하이포알러제닉 모이스처라이징 페미닌워시 ···················· 145

3) 누리숲 포레스트 녹삼초 여성 청결제 ···································· 146

4) 궁중비책 수딩 센서티브 워시 ·· 147

5) 아로마티카 단델리온 페미닌 젤 ·· 148

Special Report

I.서론

1. 서론

 미국 오리건주 포틀랜드에 소재한 시장조사기관 얼라이드 마켓 리서치사(Allied Market Research)가 2015년도에 '2015~2022년 글로벌 여성 위생용품 마켓 기회 및 전망' 보고서를 공개했다. 생리대와 탐폰, 팬티 라이너, 여성청결제(internal cleansers) 등으로 구성되어 있는 여성 위생용품 분야의 글로벌 마켓이 누수 없이 팽창세를 지속할 수 있을 것이라는 전망이 나왔다.

 보고서에 따르면 여성위생용품시장은 2016~2022년에 이르는 기간 동안 연평균 6.1%의 성장세를 지속하여, 오는 2022년에 이르면 총 427억 달러 규모를 형성할 수 있을 것이라 사료된다.

 과거에 비해 기술도 발전했을 뿐만 아니라 사회활동을 하는 여성의 인구수가 늘어나면서부터 여성위생용품은 수요가 꾸준히 증가하고 있다. 여성위생용품에 대한 기술력의 발전은 여성의 자유로운 사회생활을 가능하게 하는데 일조했다. 일회용 생리대의 발명은 여성이 보다 적극적이고 자유롭게 사회생활을 시작하게 한 주효한 이유이기도 하다.

 과거 우리나라에서 여성들이 생리대를 사는 행위는 은밀한 것으로 여겨졌다. 그러나 최근에 와서는 마트나 편의점등의 다양한 유통채널에 진열된 생리대를 보다 떳떳하게 구입할 수 있게 되었으며, 각종 브랜드를 비교하여 선택할 수 있게 되었다.

 그러나 최근 국내에 일어난 생리대 유해물질 파동 논란처럼 각 제품군들에 대한 소재, 화학성분의 유해성에 대한 논란은 여전히 존재하고 있다. 여성의 필수 위생용품인 생리대의 유해성논란은 그동안 우려했던 여성들의 생리대 불감증을 증폭시켰다. 그리하여 여성들은 보다 나은 생리대를 찾기 시작했다. 해외사이트에서 직접 구매를 하거나 대안생리대를 모색하는 등 여성들은 자신의 위생안전을 위해 적극적으로 움직였다.

 본 보고서에서는 이렇게 꾸준히 성장하고 변화하고 있는 여성위생용품시장에 대해서 분석하고자 한다. 여성위생용품시장의 수요와 트렌드 분석을 통하여 여성위생용품시장에서의 전략을 살펴보고자 한다.

II. 여성위생용품 개요

2. 여성위생용품 개요

가. 여성위생용품 종류

여성위생용품이란 여성의 위생을 위한 용품을 총칭한 용어이다. 생리대, 탐폰, 생리컵, 팬티라이너, 여성청결제 등이 이에 속한다.

[표 1. 여성위생용품 종류]

유형	세분	특징	이미지
체외형 생리대	일회용 생리대	-여성 월경 시 가장 보편적으로 쓰이는 일회용 생리대 제품.	
	면 생리대	-면으로 만든 생리대로 여러 번 사용 가능함.	
체내형 생리대	탐폰	-면, 레이온 등의 재질로 된 엄지손가락만한 마개의 형태로 질구에 삽입하여 혈액을 흡수하는 방식으로 사용하는 제품.	
	생리컵	-의료용 실리콘으로 만들어진 종 모양의 작은 컵으로, 질 내에 삽입하여 생리혈을 받아내는 방식의 월경용품.	
팬티라이너		- 여성이 질에서 평상시에 나오는 분비물을 처리하거나 월경 전후에 주로 사용하는 위생용품.	
여성청결제		- 여성의 외음부와 질 관리를 위한 청결제를 말함.	

나. 여성위생용품 특성

생리대는 여성이 월경을 할 때 질구를 통하여 배출되는 혈액을 흡수하는 위생용품을 말한다. 일반적으로는 생리대는 일회용 생리대를 말하며 면 생리대와 탐폰을 생리대와 구분하여 말하기도 한다. 본 보고서에서는 생리대를 체외형 생리대와 체내형 생리대로 구분하여 분류하기로 한다.

1) 체외형 생리대

체외형 생리대는 여성의 질 밖에서 혈액을 흡수하는 형태의 생리대이다. 체외형 생리대 종류로는 일회용 생리대와, 면 생리대가 있다.

가) 일회용 생리대

- 일반적으로 많이 쓰이는 생리대를 말한다. 생리혈의 흡수량과 크기에 따라서 소형, 중형, 대형, 오버나이트 등으로 나뉜다. 일회용 생리대는 2~3시간에 한번 씩 갈아주는 것이 위생상 좋으며 최장 4시간은 넘시 않도록 권장하고 있다. 같은 생리대를 오래 착용하면 냄새가 변질이 될뿐더러 염증이 생길 수도 있다.

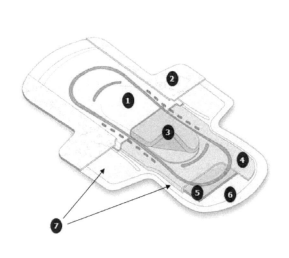

번호	구성	기능
1	표지	착용감 부여
2	날개	고정
3 ~ 4	흡수체 (상부)	생리혈 전달, 확산
5	흡수체 (하부)	생리혈 흡수, 저장
6	방수층	액체 샘 방지
7	접착제	형태유지, 속옷에 고정

[그림 1. 일회용 생리대의 구조]

- 일회용 생리대는 일반적으로 표지, 날개, 흡수체(상부), 흡수체(하부), 방수층, 접착제로 구성되어있다. 날개형태에 접착제가 붙어있어 속옷에 고정시킬 수 있으며 생리혈을 흡수, 저장 할 수 있는 흡수체와 액체 샘 방지를 할 수 있는 방수체로 구성 되어있다.

■ 장점 및 단점

• 장점: 사용이 편리하며 휴대가 용이하다. 한방, 유기농 등 종류가 다양한 편이라 자신에게 맞는 생리대를 쉽게 고를 수 있다.

• 단점: 한국에서 일회용 생리대는 다른 나라에 비해 가격이 비싸다. 2~3시간 간격으로 소비 시 하루에 7개 이상이 필요한데, 월경 기간이 일주일이면 50개 가까이 소비된다. 양이 적다고 가정했을 때, 15000원 정도를 소비해야 한다. 피부에 장시간 밀착하여 사용되는 방식인 만큼 소재에 따라 질염에 노출되기 쉽다. 화학약품 처리된 생리대가 생리통과 냄새를 유발한다는 의견도 있다. 실제로 면 생리대나 생리컵을 사용했을 때, 생리통이 줄어들었다는 증언이 많다.

　　나) 면 생리대

- 면 생리대는 면으로 되어 세척하여 여러 번 사용할 수 있는 생리대이다. 겉면과 마찬가지로 안쪽도 천으로 되어있기 때문에 천 생리대라고도 한다. 접착하여 사용하는 일회용 생리대와는 다르게 고정할 수 있는 단추가 달려있다. 일회용 생리대와 마찬가지로 팬티라이너에서부터 오버나이트까지 양에 따라 선택할 수 있다.

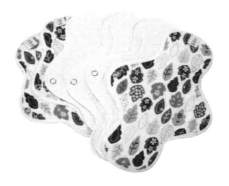

[그림 2. 면생리대]

■ 장점 및 단점

• 장점: 면 생리대를 사용하고 나서 생리통, 소화불량, 식은땀 등의 증상이 사라지거나 완화되었다는 의견이 있다. 화학 약품을 사용하지 않기 때문에 피 냄새를 제외하면 특유의 냄새가 나지 않는다. 면으로 되어 있기 때문에 통풍이 잘 되고 착용감이 우수하다. 경제적이다.

- 단점: 바깥에서는 사용한 생리대를 따로 보관해 가져와야 한다. 빨래를 해야 한다는 번거로움이 있다. 일회용 생리대와 탐폰에 비해서 구매하는 과정이 복잡하고 초기 비용이 많이 든다. 일회용 생리대에 비해서 생리혈로 인한 축축함이 오래, 많이 느껴진다는 의견도 있다.

2) 체내형 생리대

체내형 생리대는 여성의 질 안에서 혈액을 흡수하는 형태의 생리대를 말한다. 체내형 생리대 종류로는 탐폰, 생리컵이 있다.

가) 탐폰(Tampon)

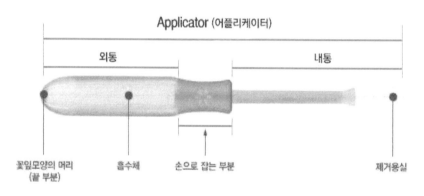

[그림 3. 탐폰의 구조]

- 탐폰(Tampon)은 면, 레이온 등의 재질로 된 엄지손가락만한 마개의 형태로 질구에 삽입하는 방식으로 사용한다. 일회용생리대와 마찬가지로 양이 적은 날, 보통인 날, 많은 날 용으로 사이즈가 나뉘어 있으며 일정 시간마다 갈아줘야 한다. '월경성 독성 쇼크 증후군'의 위험 때문 8시간 이상 착용은 좋지 않다.

- '월경성 독성충격증후군'은 탐폰을 삽입한 상태에서 질 내부에 병원성 포도상구균이 증식하여 나타난다. 조금 더 자세히 설명하자면, 질 내는 본래 산소가 없고 혐기성 세균들이 살기 적합한 환경이 갖추어져 있다. 따라서 이러한 환경에서 서식하기 좋은 젖산균 등이 질 내 산성도를 유지시켜준다. 여기에 탐폰이 투입되었을 때 탐폰의 스펀지 구조에 같이 딸려 들어간 대량의 공기가 혐기성 세균들이 살기 어려운 환경을 조성하고, 반대로 각종 호기성 세균들이 살기 좋은 환경이 되어버리는데 이 중 병원성 세균이 끼어 있을 때 문제가 되는 것이다.

▌ 장점 및 단점

• 장점: 질 내에 삽입하기 때문에 샐 걱정이 없어서 수영 같은 레저 활동을 할 때 유용하게 쓰일 수 있다, 휴대가 간편하다.

• 단점: 월경성 독성충격증후군의 위험이 있다.

▌ 탐폰에 대한 잘못된 인식[1]

1. 탐폰은 절대 체내에 갇히거나 체내에서 사라지지 않는다. 사실 탐폰이 체내에 다른 어딘가로 이동하거나 갇힐 수 있는 가능성 자체가 없다. 질 끝에 있는 자궁 경부에는 생리혈이 배출될 수 있는 작은 구멍이 있을 뿐이다. 끈이 끊어지면 손가락으로 꺼내면 된다.

2. 탐폰을 착용한 상태로 욕조에 들어갈 수 있다. 다만 끈을 조심스럽게 들어 올려 걸리적거리지 않도록 한다.

3. 탐폰 사용을 시작할 수 있는 최소 연령에 대한 제한이 없다. 연령에 상관없이 탐폰 사용을 시작할 수 있지만 사용에 익숙해져야 한다. 그렇다고 해서 무조건 18세 이상일 필요는 없다. 경우에 따라 패드를 사용하지 않고 바로 탐폰을 사용하는 소녀들도 있다. 특히 수영 혹은 체조 등의 스포츠를 즐기는 여학생의 경우라면 탐폰의 사용이 더욱 흔하다.

4. 탐폰을 사용한다고 해서 처녀성을 잃는 것이 아니다. 특히 잘못된 정보 중 하나인, 탐폰을 사용하면 '처녀성을 잃는다' 는 말은 낭설이다. 탐폰은 처녀막을 (보통 성관계를 가졌을 때 늘어나는 얇은 막)이 늘어나거나 펴지게 할 수 있지만 찢어지게 하지 않는다. 처녀막은 질 입구를 부분적으로 덮고 있어 신축성을 가지고 있는 부분이다. 탐폰 사용으로 처녀막이 손상되더라도(사실, 이는 잦은 승마와 같이 다른 활동 중에도 발생할 수 있다), 그렇다고 하여 처녀가 아니라는 것을 의미하지는 않는다.

5. 외출 시 물품이 충분한지 확인한다. 직장이나 학교 혹은 스포츠 활동 등을 위해 외출 시에는 항상 여분의 탐폰을 가방에 챙긴다. 특히 처음 생리를 시작할 때는 탐폰, 팬티 라이너, 물티슈 및 팬티 한 장을 작은 파우치에 담아 들고 다니는 것이 도움이 될 수 있다.

---

[1] https://ko.wikihow.com/

6. 8시간 이상 수면 시 밤새 패드를 사용한다. 그렇게 하면 탐폰 교체를 위해 중간에 깨어야 하는 부분에 대한 걱정을 할 필요가 없다. 그렇지 않으면 비록 희귀하지만 박테리아 '황색 포도상 구균'이 혈류에 들어왔을 때 발생하는 심각한 의학적 질병인 독성 쇼크 증후군의 위험을 감수해야 한다.

▌주의 사항

1. 탐폰을 구입한다. 이미 마트 등에서 본 것처럼 탐폰은 다양한 종류와 크기로 출시된다. 처음 사용 시, 가장 쉬운 방법은 다음과 같다.

✓ 애플리케이터가 있는 탐폰을 구입한다. 탐폰은 애플리케이터라고 불리는 플라스틱 튜브를 사용해 탐폰을 질 내부로 밀어 넣을 수 있도록 하는 장치가 있다. 애플리케이터의 도움을 받으면 처음 적응 기간 및 사용이 더 쉬워지므로 어플리케이터가 있는 제품을 선택한다. (미국의 경우, O.B.가 애플리케이터 없이 판매되는 대표적인 브랜드이다. 이를 제외한 대부분의 다른 브랜드 제품은 어플리케이터가 있다.)

✓ 자신에게 맞는 용량을 선택한다. 탐폰의 흡수율은 단순히 탐폰의 흡수성 면이 얼마나 압축되어 있는가에 대한 차이로, 이는 탐폰의 무게를 (얼마나 가볍고 가벼운 지를) 나타내는 척도이다. 대부분의 여성들은 양이 많은 초반 하루 이틀 동안 흡수성이 좋고 무거운 탐폰을 사용한다. 그리고 뒤로 갈수록 양이 적어지면서 흡수성이 낮고 가벼운 제품으로 바꾼다. 사용 시 불편함 및 고통에 대해 걱정이 된다면, 가벼운 흡수성 탐폰을 구입하여 사용 실패 확률을 줄일 수 있다. 더 자주 변경해야 하지만 그만큼 더 슬림하고 편안하다. 우리나라에 판매되고 있는 제품 중 처음에 사용하기 좋은 탐폰은 탐팩스 펄 레귤러 이다. 상황에 따라 "레귤러"이외에 "슈퍼" 제품을 선택할 수 있다. 처음에 작은 크기의 탐폰을 사용하는 것으로 시작하면 탐폰 제거 방법 등 사용법에 쉽게 익숙해질 수 있다.

2. 손을 씻는다. 화장실에 가기 전 손을 씻는 것이 이상하게 보일 수도 있지만, 탐폰 사용 시에는 미리 씻는다. 탐폰의 애플리케이터는 멸균 상태이기 때문에, 손을 먼저 씻고 탐폰을 사용하는 것이 감염에 의한 곰팡이 및 박테리아 등으로부터 안전하다. 탐폰을 바닥에 떨어뜨렸다면 그냥 버리도록 한다. 불편하고 고통스러운 염증의 위험을 무릅쓰면서까지 몇 백원, 혹은 몇 천원을 아낄 필요는 없다.

▌ 사용방법

1. 화장실 변기에 앉는다. 무릎을 평소보다 넓게 벌리면 시야를 확보하고 탐폰 삽입이 수월하다. 또는 변기 시트에 개구리처럼 앉을 수도 있다. 또는, 변기와 같이 바닥보다 높은 표면에 한 발을 올려놓고 탐폰을 삽입한다. 이 방법이 더 낫다면 계속 그렇게 삽입하면 된다. 그러나 대부분의 여성들은 생리혈이 새거나 흐르지 않도록 하기 위해 변기에 앉는 자세를 선호한다.

2. 자신의 질 입구를 찾는다. 이는 탐폰을 처음 사용하는 초보자에게 가장 흔한 장애물로, 대부분의 경험자들이 쉽지 않다고 생각하는 부분이다. 하지만 일단 질 입구를 잘 찾아내면, 더 이상 힘들거나 복잡한 문제는 없다. 이를 좀 더 쉽게 해줄 방법은 다음과 같다.

✓ 해부학적으로 생각해본다. 여성의 하체에는 총 세 개의 개구부가 있으며, 앞쪽에 소변이 나오는 요도가 있고, 중간에 질 입구, 그리고 가장 뒤쪽에 항문이 있다. 만약 이미 요도의 위치를 알고 있다면, 질 입구를 찾기 위해서 요도의 3-5cm 정도 뒤에 질 입구가 위치해 있는 것을 확인할 수 있다.

✓ 생리혈이 나오는 곳을 확인한다. 이상하게 들릴 수도 있지만, 질 입구를 잘 찾지 못해 고민 중이라면 이 방법도 도움이 된다. 휴지를 물로 적시고 주변 모든 생리혈을 앞에서 뒤로 향하여 (샤워 때 혹은 씻을 때와 같이) 닦아낸다. 깨끗해지면 이제 생리혈이 어디에서 배출되는지 확인이 될 때까지, 깨끗한 화장지로 가볍게 두드린다.

✓ 도움을 요청한다. 도저히 찾지 못한다면 엄마, 여자 형제, 할머니, 이모, 또는 나이 차이가 좀 나는 사촌 등과 같이 신뢰할 수 있는 여성 가족 일원 및 친척에게 도움을 받도록 한다. 모든 여성이 거쳐 가는 단계이므로 부끄러움을 느끼지 않도록 한다. 병원을 찾아 의사나 간호사에게 도움을 요청할 수도 있다.

3. 탐폰을 바르게 잡는다. 탐폰의 중간 지점, 즉 작은 튜브가 큰 튜브와 닿는 곳을 엄지손가락과 가운데 손가락 사이에 놓는다. 그리고 끈이 연결된 어플리케이터 끝 부분에 검지손가락을 댄다.

4. 어플리케이터의 위쪽, 두꺼운 쪽의 절반을 질 속으로 천천히 삽입한다. 허리의 뒷부분을 향해 밀어 넣고, 손가락이 살에 닿을 때까지 몇 센티미터 삽입한다. 이 때, 손이 더러워지는 것에 대해 걱정하지 않는다. 생리혈 자체는 박테리아가 옮지만 않으면

사실 매우 깨끗하다. 그리고 항상 마지막에 손을 다시 씻도록 한다.

5. 집게손가락으로 어플리케이터의 하단을 (얇은 부분) 눌러 삽입한다. 탐폰이 신체 내부에 삽입된 상태에서 탐폰의 흡수체가 몇 센티미터 더 안으로 들어오도록 한다. 어플리케이터의 하단이 두꺼운 상단에 완전히 들어갈 때 멈추면 된다.

6. 어플리케이터를 꺼낸다. 천천히 어플리케이터를 질 밖으로 꺼낸다. 너무 걱정하지 않아도 된다. 지침을 따라 잘 삽입이 된 경우 탐폰이 몸 밖으로 다시 나오지 않을 것이다. 일단 어플리케이터가 밖으로 나오면, 탐폰의 포장지 또는 휴지에 싸서 휴지통에 버린다. 절대 어플리케이터를 변기에 버리지 않는다. 이는 배관에 심각한 손상을 줄 수 있다.

7. 착용감을 확인한다. 제대로 삽입이 되었다면 체내 탐폰을 느낄 수 없어야 하며, 불편하지 않아야 한다. 앉거나 걷는 것이 불편하다면 잘못 삽입된 것이다. 대개 탐폰이 질 내부로 충분히 들어가지 못했을 때 불편함을 느낀다. 질 내부에 손가락을 넣고 탐폰을 느껴지면 살짝 누른 다음 다시 조금 걸어본다. 만약 여전히 아프고 불편하면 꺼내고 새 것으로 다시 삽입을 해야 한다.

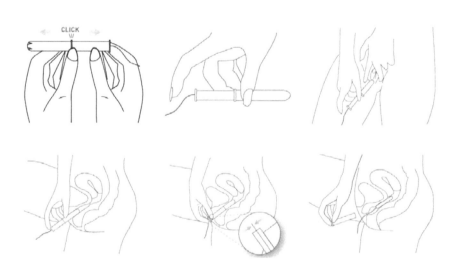

[그림 4. 탐폰 사용방법]

나) 생리컵(menstrual cup)

- '생리컵'(영어:menstrual cup) 혹은 '월경컵'이란 주로 의료용 실리콘으로 만들어진 종 모양의 작은 컵으로, 질 내에 삽입하여 생리혈을 받아내는 방식의 월경용품이다. 한국에서는 제법 생소한 편이지만 점점 사용 층이 늘어나고 있다.

[그림 5. 생리컵]

- 생리컵은 주로 의료용 실리콘 혹은 천연 고무로 만들어지며 라텍스, 열가소성 탄성 중합체 (TPE) 등등으로도 만들어진다. 젖병과 마찬가지로 소독을 쉽게 할 수 있으며 세균 증식이 잘 일어나지 않는 재질이 주로 사용된다.

- 제조사마다 적정 사용수명이 다른데, 대체로 5년가량 쓸 수 있고 10년까지도 쓸 수 있다. 하지만 위생용품이기에 1년에 한 번씩 가는 것을 추천하기도 한다. 대개는 5-10년에 한 번 갈도록 한다.

▌ 장점 및 단점

• 장점: 생리컵은 화학약품으로 생리혈을 흡수하는 일회용 생리대, 탐폰과 달리 화학약품이 없어 이에 의한 냄새나 생리통을 없애는 효과가 있을 수 있다. 그러나 이것은 개인차가 있다. 반영구적이라 구매 시 최대 10년 이상 사용 가능해 소모품인 일회용 생리대보다 경제적이라는 이점이 있다. 다만 그러한 만큼 단가는 비싸게 느껴질 수도 있다. 삽입형 월경용품인 탐폰에 비해 독성쇼크증후군의 위험이 적다.

• 단점: 체외형 생리대와 비교하면 넣거나 **빼는** 과정이 아프거나 착용중 이물감이 있을 수 있다. 또한 보통 손에 피가 묻는다.

▌ 주의사항[2]

- 실리콘에 알러지 반응이 있는 사람, 질 내 가려움증이나 질분비물 증가 등으로 진균, 세균 감염이 의심되는 사람, 독성쇼크증후군을 경험한 사람은 제품 사용을 금한다.

- 성장기 청소년, 출산 경험이 없는 여성, 자궁내피임기구(IUD)를 사용하고 있는 여성 등은 생리컵 삽입에 따른 주변 조직 손상이나 이로 인해 출혈이 발생할 수

---

2) 생리컵, 국내 판매 허가⋯올바른 사용법과 주의사항은?, 경향신문, 2017.12.8

있어 전문의와 상담한 후 사용해야 한다.

- 생리컵 사용 중 알러지 반응, 이물질로 인한 불쾌감이나 통증 등의 부작용이 나타날 수 있다. 또 드물지만 독성쇼크증후군이 나타날 수도 있어 갑작스런 고열, 설사, 어지러움 등이 나타나면 즉시 생리컵을 제거하고 전문의와 상담해야 한다.

▌ 사용방법[3]

- 구입 전 본인의 질 입구에서 자궁경부까지의 길이를 검지손가락을 이용해 확인한 후 본인의 신체조건에 맞는 크기의 제품을 선택해야 한다.

- 사용 전 깨끗한 물로 세척한 후 끓는 물에 약 5분간 생리컵을 소독하고 사용하되 전자레인지나 알코올을 이용해 세척·소독해선 안 된다. 전자레인지로 생리컵을 소독하면 제품이 변형될 수 있으며 알코올로 소독하면 피부자극이 심해질 수 있다.

- 생리컵은 일반적으로 최대 12시간까지 사용할 수 있지만 생리기간 중 활동량이나 생리혈의 양에 따라 달라질 수(4~6시간) 있으며 사용 후에는 깨끗한 물로 씻어 건조해 보관한다.

- 교차오염을 막기 위해 다른 사람이 사용하던 제품을 사용해서는 안 되며 2년마다 새 제품으로 교환한다.

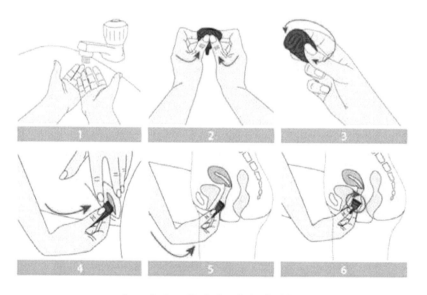

[그림 6. 생리컵 사용방법]

---

3) 생리컵, 국내 판매 허가…올바른 사용법과 주의사항은?, 경향신문, 2017.12.8

3) 팬티 라이너

팬티 라이너(영어:Panty liner)는 여성이 질에서 평상시에 나오는 분비물을 처리하거나 월경 전후에 주로 사용하는 위생용품이다. 생리대와 비슷하지만 날개는 없으며, 크기도 작다. 일반적으로 크기는 '일반(150mm)', '롱(175mm)' 으로 나눈다. 일반적으로 생리용품은 의약외품으로 구분하는데 팬티 라이너는 공산품에 속하는 것이 많다.

4) 여성 청결제

여성의 외음부와 질 관리를 위한 청결제이다. 여성의 외음부는 세균이 침입하거나 염증이 생기기 쉬운 환경이므로 pH 4.6~4.8 사이의 약산성 환경을 유지해 주어야한다. 일반 비누나 대부분의 바디클렌저는 알칼리성을 띠기 때문에 질 내의 산도 균형을 깨뜨릴 가능성이 매우 높아 사용하지 않는 게 좋다. 여성 청결제는 외음부의 표면을 세척하는 클렌징 제품으로 화장품에 속하며, 질 내부까지 삽입해 염증을 예방하는 질 세정제 사용법과는 차이가 있다.

여성 청결제는 약국, 마트, 화장품 브랜드샵에서 구입할 수 있으며, 제품보다는 성분이나 제형 등 꼼꼼히 살펴보고 사길 권장한다. 또한 여성 청결제는 워터제형뿐만 아니라 티슈, 스프레이 등의 다양한 형태가 있다.

▌ 사용방법

여성 청결제 사용법으로 외음부를 씻을 때는 미지근한 물로 질에서 항문 방향으로 씻고, 씻은 후에는 물기가 남지 않도록 타올로 흡수시키듯 살짝 두드려 닦아낸다. 속옷을 착용하기 전에는 물기를 완전히 말려야 곰팡이균 발생을 줄일 수 있다.[4] 여성 청결제는 1주일에 1,2회 정도 사용한다. 지나친 세정제 사용은 오히려 유익한 균을 사멸시켜 음부의 pH 균형이 깨질 수 있다.

---

4) 콧물같은 하얀 냉 고민에 여성청결제 추천… 효과와 사용방법은?, 뉴스페이퍼, 2017.12.19

III. 여성위생용품 역사

3. 여성위생용품 역사

가. 생리대의 역사

1) 1세대 생리대(인류초기~1919) 파피루스, 나무껍질형태의 생리대

이집트 여성들은 탐폰 용도로 부드러운 파피루스를 사용하였다. 그리스에서는 탐폰은 작은 나무 조각으로 둘러싸인 린트에서 만들었다. 로마에서는, 생리대와 탐폰은 부드러운 털로 만들었다. 세계의 다른 지역에서는 종이, 이끼, 털, 동물 가죽, 풀이 생리혈을 흡수하는 방법으로 이용되었다.

2) 2세대 생리대(1920~1950) 무명천 생리대

조선시대에도 여성들이 무명천을 접어서 기저귀 형태로 사용해 온 기록이 있으며, 현재 아프리카, 인도 등의 저개발 국가에서 아직도 사용하고 있는 방식이다. 그러나 무명천은 쉽게 새고 매번 세탁을 해야 해서 효율적인 방법이 되진 못했다.

3) 3세대 생리대(1920~1969) 탈지면 생리대

1880년 피뢰침 발명으로 유명한 '벤자민 프랭클린'이 전쟁터에서 군인들의 출혈을 막고자 일회용 패드를 만들었는데 이것이 생리대로 상품화 됐었다. 영국에서 '사우스올 패드(Southall's pad)'라는 이름으로 출시되었다. 같은 해 미국에서는 '존슨앤존슨'이 '리스터타월(Lister's Towels)'라는 생리대를 팔기 시작했다. 그러나 가격이 비쌌고, 여성들이 상점에서 생리대를 구입하는 것을 부끄러워하여 이 제품들은 실패하였다.

이 후, 대중화된 최초의 일회용 생리대는 제 1차 세계대전에서 등장하였다. 전쟁 중 미국의 '킴벌리 클라크' 회사에서는 면으로 된 병원용 붕대가 부족해지자, 이를 대체하기 위해 셀루코튼(cellucotton)이라는 흡수지를 개발해 공급했다. 셀루코튼(Cellucotton)은 천연 면보다 다섯 배나 높은 흡수력을 보이면서도 가격은 면보다 쌌다. 재료도 제지원료(Wood Pulp)로 만드는 것이라 면보다 생산이 용이했다. 결정적으로 1회용이었기 때문에 편리성과 위생 면에서 붕대보다 많은 강점을 보였다.

야전병원의 간호사들은 환자들이 늘어나고 일손이 부족한 상황에서 재래식 생리대를 자주 빨 수 없어 흡수력이 좋은 셀루코튼을 이용하여 임시 생리대로 사용하기 시작했다. 셀루코튼은 붕대보다 흡수력이 높고 1회용이기에 쓰고 버리면 됐기에 뒤처리에도 용이했다. 결정적으로 붕대보다 부드럽고 가벼웠다.

4) 4세대 생리대(1970~2010) 흡수력위주의 생리대

[그림 7. 세계 최초의 생리대 코텍스 광고]

■ 세계 최초의 일회용 생리대, 코텍스

전쟁이 끝나고 '킴벌리 클라크'에서는 간호사들이 사용하던 생리대를 상품으로 개발해 '코텍스(Kotex)'라는 이름으로 시판했다. 여성들은 열광했고 그렇게 1회용 생리대는 빠르게 퍼져나갔다.

나. 탐폰의 역사

탐폰의 시초는 고대 이집트 여성들이 파피루스를 말아 사용한 것이라 볼 수 있다. 지금으로부터 약 5,000년 전에 만든 것으로 추정되는 미이라의 질에서 나무껍질의 섬유와 마를 사용한 템포가 발견되었다고 한다. 고대 로마시대에는 울이나 마로 만든 생리대나 부드러운 털로 만든 템포를 사용했다고 한다. 당시에는 1회용이 아닌, 빨아서 다시 사용했다고 전해진다.

1931년에 '얼 하스' 박사는 탐폰 특허를 신청하였다. 이것은 현재에도 사용되는 튜브 내 튜브 디자인인 도포형 기구를 최초로 포함하는 것이다. 거튜브 텐드리치는 그 특허를 $32,000에 사고 1933년에 탐팩스를 설립했다. 그녀는 처음에 재봉틀과 하스 박사의 압축기를 이용해서 집에서 탐폰을 만들었다.

1950년대에는 윤활식 끝과 함께 비도포용 도구 탐폰인 '푸세트'가 시판되었다. 탐폰 케이스 역시 별도로 시장에 내놓아졌다. 그래서 그들의 타겟 소비층인 10대 소녀들은 효과적으로 탐폰을 지갑 안에 숨겨놓을 수가 있었다.

1975년에는 '릴라이 탐폰'이 "저희는 걱정도 흡수합니다"라는 문구를 내세워 시판되었습니다. 그러나 탐폰이 심각한 독소 충격 증후군과 관련이 있게 된 이후로 프록터&갬블은 릴라이 판매를 중단하였다.

다. 생리컵의 역사

1930년대에 '레노아 차머스'는 최초의 재사용 가능한 생리컵을 특허내고 만들어냈다. 일회용 제품의 출현 이후, 많지 않은 여성들이 단순히 물을 내리거나 버릴 수 있었을 때에 생리혈을 다루고 싶어 했다.

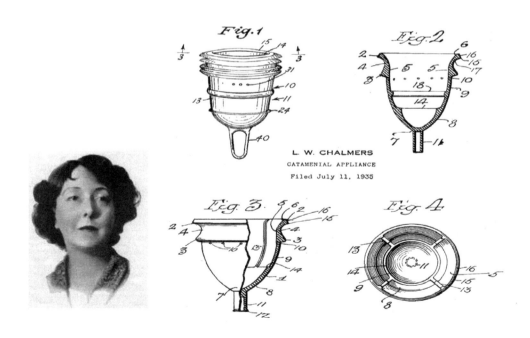

[그림 8. 레노아차머스 초상화와 생리컵 드로잉]

레노아 차머스는 가황처리된 고무로 만들어져야 한다고 특허에서 제안하였다. 그러나 이런 획기적인 제품은 곧 수면 밑으로 가라앉았다. 세계 2차 대전 시기에 고무 생산량의 부족 문제에 부딪히면서 가황된 고무가 재료이던 생리컵의 생산이 중단된 것이다. 뿐만 아니라 당시 사람들의 보수적인 통념을 넘어서기에 생리컵은 너무 혁신적인 물건이기도 했다.

1959년 생리컵은 타세트가 생리컵을 다시 소개했을 때에 광고와 함께 두 번째 기회를 얻었다. 그러나 여성들은 아직 관심이 없었고 컵은 다시 사라졌다.

1987년 미국 브랜드인 키퍼(Keeper)를 통해 생리컵이 다시 등장했다. 천연 고무 소재로 만들어진 키퍼의 성공을 시작으로 현재는 의료용 실리콘으로 만들어진 다양한 생리컵 브랜드가 시중에 나와 있다.

라. 우리나라 생리대 역사[5]

1) 1960년대, 국내 최초 일회용 생리대

우리나라 최초의 일회용 생리대는 1960년대 중반 출시된 '크린패드'였지만, 대중화에 성공해 일회용 생리대의 대표 이름이 된 상품은 1971년 출시된 유한킴벌리의 '코텍스'였다. 하지만 이때의 일회용 생리대는 지금 우리가 알고 있는 접착식이 아니었다. 몸에 묶는 기다란 끝이 달려 있는 형태였다. 끈이 달려있지 않은 제품은 핀이나, 고정용 벨트를 따로 사용해야했다.

2) 1970년대, 자유를 안겨준 최초의 접착식 생리대

1975년 나온 접착식 '코텍스 뉴 후리덤'은 일회용 생리대의 고유명사가 될 정도로 대중적인 이름이 됐다. 별도의 핀이나 벨트 필요 없이 패드의 접착띠를 팬티에 고정시켜 사용할 수 있는 후리덤 광고에는 "생리 중 보다 자유로운 활동을 보장해 드립니다"라는 문구가 들었다. '혁명적인 자유의 율동'이라는 카피에 걸맞게 광고 모델은 미니스커트의 전설 '윤복희'였다. 1975년 3월 10일자 경향신문에 실린 광고는 윤복희 귀국 리사이틀과 뉴 후리덤 홍보의 콜라보레이션이라 할만하다. "75년은 세계 여성의 해," "한국이 낳은 슈퍼스타," "뉴 후리덤 춤 개발"이라는 문구를 읽는 것만으로도 어깨에 힘이 들어간다. 그저 팬티에 붙이는 것만으로 "삐져나오거나 밀려나올 염려 없는" 생리대의 등장만으로도 여성들은 "혁명적인 자유"를 누릴 수 있었던 것이다.

---

5) [기타뉴스]생리대를 둘러싼 '최초'의 기록들, 향이네, 2017.9.8

[그림 9. 윤복희 뉴후리덤 생리대광고]

3) 1980년대, 기적의 흡수제, 미라클젤

'생리대는 곧 후리덤'으로 통하던 1970년대를 건너와 1980년대 들어서는 더 다양한 제품이 출시됐다. 쌍용제지가 내놓은 '소피미라젤'은 '앞서가는 여성의 앞서가는 패드'라는 타이틀로 승부수를 던졌다. 1987년 광고에 등장한 '알고 넘어갈 것인가? 모르고 넘어갈 것인가?'라는 도발적인 문구는 생리혈을 곧바로 젤리상태로 변하게 하는 흡수제를 부각시키기 위한 것이었다. 이 '기적의 흡수제'는 물은 280배, 생리혈은 45배나 흡수한다고 강조했다. 접착띠의 길고 짧음을 운운하던 이전 제품에 비하면 엄청난 진보였다. '안심할 것인가? 조마조마할 것인가?'(U자형 방수막), '바지를 입을 것인가? 치마를 입을 것인가'(몸에 꼭 맞도록 재단된 끝부분), '천연감촉이냐? 아니냐?'(보풀이 일지 않는 천연감촉 커버) 등 생리를 둘러싼 여성 불안 심리를 공략한 카피는 제대로 통했을 법 싶다.

[그림 10. 생리대 미라클젤 광고]

4) 1990년대, 생리대 TV 광고, 심의의 벽을 넘다

1995년 1월 1일 방송위원회의 광고에 관한 심의규정이 바뀌기 전까지 생리대는 방송광고를 할 수 없었다. 기존 규정에 따르면, 모델이 술을 마시는 장면도, 어린이가 주도적인 역할을 맡는 것도, 외국어를 많이 사용하는 것도, 마네킹이 아닌 모델이 속옷을 입고 나오는 것도 다 규제대상이었다.

우리나라에서 일회용 생리대가 순수한 이미지로 옷을 갈아입기 시작한 것은 1990년대 중반부터이다. "깨끗해요" 카피를 들고 나타난 '화이트' 생리대는 그때까지 부정적으로만 여겨지던 생리라는 여성의 세계를 깨끗하고 순수한 것으로 바꿔나가기 시작했다. '화이트' 광고에서는 청순한 여대생이 모델로 등장해 생리에 대해 이야기하면서 점차 생리에 대한 인식을 바꿔나가는 계기가 되었다. 현재까지도 화이트는 이러한 광고 컨셉을 유지하는 중이다.

[그림 11. 화이트 생리대 광고 이미지]

5) 2000년대 이후, 다양한 생리용품

2000년대 이후로 다양한 생리대 제품들이 출시되었다. 지구환경오염에 따른 이상기후로 환경에 대한 불신이 확산되면서 웰빙 및 건강에 대한 욕구가 증가함에 따른 음이온, 원적외선, 한방, 허브 등이 첨가된 신소재·기능성 생리대, 대안생리대 등이 탄생하게 되고 친환경소재들이 대거 등장하게 되었다. 또한 탐폰과 생리컵 같은 체내형 생리대들도 관심을 받기 시작하면서 생리용품에 대한 선택권이 넓어졌다.

IV. 여성위생용품 국내 이슈

4. 여성위생용품 국내 이슈

가. 생리대 가격 논란[6]

여성이라 내야하는 600만원···생리대의 경제학

시간	-35년. 1년중 65일 - 평생 2275일
사용하는 생리대	- 하루 5~7개 - 평생 1만1000~1만6000개
생리대 비용	- 1년 13~17만원 - 평생 450~600만원

*하루에 개당 361원인 중형 4~6개+개당 510원인 오버나이트 1개 사용한다고 가정
*사람마다 생리 기간·주기, 사용 생리대 개수·가격 등이 다를 수 있음
그래픽: 이승현 디자이너

[그림 12. 여성의 평균 생리대 지불비용]

평균적으로 35년, 1년 중 65일, 여성은 생리를 한다. 평생 1만 6000개 정도의 생리대를 사용하며 이를 위해 600만원 정도를 쓴다. (가격은 국내 생리대 시장점유율 1위 기업인 유한킴벌리의 '좋은느낌 스키니핏 하이퍼 울트라 날개 중형' 18개입의 판매가 6500원(개당 361원)과 '좋은느낌 수퍼롱 오버나이트' 10개입의 판매가 5100원(개당 510원)을 기준으로 계산했다.)

1년에 17만원은 결코 작은 돈이 아니다. 특히 경제력이 없는 저소득층 청소년들에겐 부담스러운 금액이다. 2016년 5월 23일 유한킴벌리가 생리대 가격 인상을 예고했을 당시 불거졌던 '깔창 생리대' 논란이 이러한 현실을 보여준다.

당시 각종 온라인 커뮤니티와 SNS(사회연결망서비스)에는 생리대를 사지 못하는 이들의 고백이 이어졌다. 한 SNS 이용자는 "가난한 한 부모 가정에서 살던 친구가 생리대를 신발 깔창으로 대체하더라."는 글을 올렸다. 또 다른 이용자는 "저희 학교 선생님이 제자 중 한명이 아프다고 일주일 결석해 찾아갔더니 생리대 살 돈이 없어서

---

6) "여성이라 내야하는 600만원"···생리대의 경제학, 머니투데이, 2017.9.10

수건 깔고 누워 있었다더라."고 말했다.

한국에서 생리대는 부가세 면세 품목이지만, 특정 기업의 생리대 시장 점유율이 지나치게 높은 왜곡된 시장구조 탓에 소비자들은 면세 효과를 체감하지 못하고 있다는 지적이 나온다.

통계청에 따르면 소비자물가지수가 2009년 88.45포인트에서 2017년 102.86 포인트로 16.3% 상승한 반면 생리대 물가지수는 79.05포인트에서 99.27포인트로 25.6% 올랐다.

생리대 가격은 여러 나라에서 논란의 대상이다. 실제로 여러 나라에서 생리대를 사치품으로 분류해 5% 이상의 부가세를 부여한다. 슬로바키아는 생리대를 포함한 여성 위생용품을 공산품으로 분류해 세금 20%, 호주는 소비세 10%, 미국 45개주는 평균 6%의 판매세, 영국은 5%의 부가가치세를 부과한다. 생리대에 세금을 부과하는 나라에서는 해마다 여성들이 생리혈 시위나 과세 중단 청원 운동을 벌이고 있다.

하지만 생리대를 공공재로 바라보는 인식도 늘고 있다. 케냐는 2004년 이른바 '탐폰세'(생리대에 붙는 세금)'를 완전히 철폐한 데 이어 2011년부터 연간 300만 달러(약 35억원)을 들여 저소득 지역 학교에 생리대를 지급하고 있다. 유럽연합(EU)은 2016년부터 개별 회원국이 따라야 하는 부가세 기준에서 탐폰세를 전면 면제할 수 있도록 했다.

나. 생리대 재난구호용품 제외

2016년 7월 4일 국민안전처의 '재해구호법 시행령·규칙 일부개정안'에서 재난 현장에서 지급하는 재난구호용품에서 생리대를 제외하는 일이 발생했다. 이와 달리 남성에게 지급되는 1회용 면도기는 유지한 상황이었다.

사람들은 이에 반발하여 국민신문고에 민원을 넣고, 글로벌 온라인 청원 사이트 아바즈에서 반대 서명운동을 진행하는 등의 행동을 이어갔다. 각종 언론에서도 국민안전처를 비판하는 기사가 쏟아져 나왔다. 논란이 되자 국민안전처 관계자는 이에 대해 다음과 같이 해명했다. "여성마다 생리대 취향이 다른데 정부가 이를 일률적으로 주문하는 것이 맞지 않다. 메모지, 볼펜, 우의, 손전등과 마찬가지로 활용도가 낮고, 오래 보관할 경우 변질가능성이 있어서 제외했다."

생리대의 유통기한은 보통 3년인데, 재난구호용품 세트의 보존연한은 5년으로 변질될 우려가 있다는 게 국민안전처의 의견이었다. 하지만 구호물자는 취향에 따라 넣고 빼는 것이 아니며, 지난 2016년 4월 국민안전처의 '재해구호물자 관리 개선대책'에서 보존연한을 "5년에서 3년으로 단축하겠다."고 밝힌 바 있었다. 이에 대해 반발이 심해지자 2016년 7월 5일 국민안전처는 재난구호물품에서 생리대를 제외하기로 한 적이 없다고 해명했다. 내용은 이러하다. "양질의 생리대를 지급하기 위해 세트 품목에서는 제외하지만, 필수지급품인 개별구호물품으로 생리대를 지급할 계획이었다."

 그러나 2016년 4월에 예고한 '재해구호법 시행규칙'의 개별구호 세트에는 '모포 2매'만 포함되어 있었다. 이에 대해 국민안전처의 관계자는 생리대를 실수로 누락시킨 것이라 해명했고, 결국 2016년 7월 5일 수정된 개별구호 품목에 생리대가 추가되었다. 이는 당장의 논란을 잠재울 말 바꾸기식 행정이라는 비판을 불러일으켰다. 남성은 면도를 하지 않아도 건강상의 문제가 발생하지 않지만, 여성이 생리대를 사용하지 못할 경우에는 염증성 생식기 질환이 발생하는 등 건강상의 문제가 있을 수 있다. 남성의 일회용 면도기는 유지하면서 일회용 생리대는 제외한 국민안전처의 행동은 성지식의 부족이라고 할 수 있다.

   다. 생리대 유해물질 논란

 2017년 '여성환경연대'라는 단체에서 강원대 김만구 교수의 연구팀에게 10종의 생리대의 유해물질 관련 연구를 의뢰했고, 이 과정에서 '릴리안'제품만이 이름이 공개되면서 불매운동의 대상이 되었다. 엄밀히 말하자면 연구 결과 보고에는 업체명이나 브랜드가 공개되지 않았지만, 여성환경연대에서는 이 보고를 올린 직후 릴리안 사용자 피해 사례를 모은다고 공지를 올렸기 때문에 사실상 릴리안에 유해물질이 있다고 알린 것이다.

 이후 식약처에서는 2017년 9월 4일에 김만구 교수팀 실험조사대상 제품명을 공개했다. 다음은 그에 대한 기사 내용이다.

▌ 식약처, 김만구 교수팀 실험조사대상 제품명공개(2017.9.4.)

 여성환경연대가 '생리대 유해성' 논란을 제기한 지 6개월 만에 생리대 제품명을 포함한 유해성 조사 자료를 식품의약품안전처가 20117년 9월 4일에 공개했다. 이 자료는 여성환경연대가 국내 5개 생리대 제조사가 만든 11개 제품에 대해 강원대 김만구 교수팀에 분석을 의뢰한 결과를 이날 최종적으로 식약처에 제출한 것이다. 하지만 식약처의 조사 결과 공개가 "생리대 유해성에 대한 논란을 더 키웠다"는 지적이 나온다. 여성환경연대가 이번에 제출한 조사 결과도 식약처 스스로 "신뢰하기 어렵다"고 하면서도 제품명을 밝힌 것은 앞뒤가 맞지 않는다는 것이다.

여성환경연대·김만구 강원대 교수팀의 생리대 유해물질 조사 결과

단위: 생리대 한 개당 ng(나노그램·10억분의 1그램)

	업체	제품	휘발성유기화합물 (VOCs) 검출량 합계	발암 물질 검출량 합계
일회용 중형 생리대	깨끗한나라	**순수한면 울트라슈퍼가드**	**6560**	8
	엘지유니참	바디피트 귀애랑 울트라슬림 날개형	4568	10
		바디피트볼록맞춤 울트라슬림 날개형	2468	7
	유한킴벌리	**좋은느낌2 울트라중형 날개형에이**	3761	**14**
	P&G	위스퍼 보송보송케어울트라날개형	3479	8
면생리대	트리플라이프	**그나랜시크릿면생리대**	**1만1606**	**219**
일회용 팬티 라이너	깨끗한나라	**릴리안 베이비파우더향(수퍼롱)**	**2만4752**	**15**
		릴리안 로즈향(수퍼롱)	3608	극미량
	유한킴벌리	좋은느낌 좋은순면라이너	2838	2
		화이트 애니데이 로즈마리향	3586	3
		화이트 애니데이 순면커버 일반	2554	4

※ 여성환경연대가 9월 4일 제출한 자료를 식약처가 공개. 면생리대는 물에 세척하거나 삶으면 크게 감소

[그림 13. 식약처에서 발표한 생리대 유해물질 조사결과]

이날 식약처가 공개한 자료를 보면, 국제암연구기구(IARC)가 지정한 1·2군 발암물질이 가장 많이 검출된 '일회용 중형 생리대'는 유한킴벌리 제품이었다. 생식·신경 독성 등을 일으키는 VOCs 총 검출량은 '깨끗한나라' 제품이 가장 많았다. '트리플라이프'의 면생리대 제품에선 VOCs가 가장 많이 검출됐지만, "세척해 사용하면 농도가 크게 감소한다."고 이 자료엔 기재돼 있다.

생리대 제품명이 공개되자 깨끗한나라 측은 "특정 브랜드의 이름만 공개해 소비자들을 혼란에 빠트리고 특정 기업에 막대한 피해를 입힌 것에 대해선 (여성환경연대 등이) 응분의 책임을 져야 한다."고 주장했다. 반면 발암물질 검출량이 높은 것으로 공개된 유한킴벌리 측은 "김 교수 실험 결과를 과학적으로 신뢰하기 어렵다."고 주장했다.

소비자들 사이에선 "유한킴벌리 등 특정 업체를 봐주기 위해 릴리안 제품만 공개한 것 아니냐"는 의혹도 제기되고 있다. 이에 대해 김만구 교수는 "유한킴벌리로부터 연구비로 단 1원도 받은 적이 없다."면서 "분석과학자로 독성 물질의 검출 여부에 대해 조사를 진행했을 뿐, 이 물질의 유해성 여부에 대해서 판단한 것은 아니다."고 말했다.[7]

이후 식약처에서는 2017년 9월 28일에 국내 시판중인 생리대와 유아용 기저귀에 대해 유해성 여부를 조사한 뒤 결과를 발표했다. 다음은 그에 대한 기사 내용이다.

■ 식약처, "생리대·팬티라이너, 안전성 문제없다." 발표 (2017.9.28)[8]

식품의약품안전처가 국내 시판중인 생리대와 유아용 기저귀에 대해 유해성 여부를 조사한 뒤 "안전성 측면에서 문제가 없다."고 발표했다. 하지만 역학조사 없이 휘발성 유기화합물(VOCs) 10종에 대해서만 조사한 것인데다, 깨끗한나라의 릴리안 생리대 부작용을 호소한 소비자 수천 명의 지적에 대해서는 구체적인 설명이 없어 시민들을 안심시키기에는 미흡하다는 지적이 나온다.

식약처는 28일 오전 충북 오송 본부에서 생리대 VOCs 1차 전수조사 결과를 발표하고 "국민이 사용하는 생리대 가운데 안전성 측면에서 위해성이 확인된 제품은 없다"고 밝혔다. 식약처는 "생리대에 존재하는 VOCs 10종의 인체 위해성을 평가한 결과, 최대 검출량을 기준으로 해도 인체에 유해한 영향은 없었다."고 설명했다.

식약처는 '위해성이 확인되지 않았다'고 강조했지만, 실제로 생리대를 쓴 소비자들에게서 왜 생리불순 등이 나타났는지, 이런 부작용이 생리대의 어떤 성분과 관련이 있는지 등은 밝히지 못했다. 이번 조사는 생리대의 VOCs 10종 검출량에 국한된 것이었기 때문이다. 그 결과, 부작용을 겪었다며 시민단체에 제보한 사람이 3000명이 넘는데 당국은 '안전하다'는 말만 되풀이하는 상황이 이번에도 되풀이됐다.

논란이 불거진 뒤 식약처는 시민의 안전보다는 책임을 회피하거나 '물타기'에 치중하는듯한 모습을 보였다. 당국의 규제가 이뤄지지 않는 영역에서 시민단체와 학자가 실험을 하고 안전성 문제를 제기했으나 "과학적 신뢰성이 떨어진다."며 연구진을 탓하는 듯한 태도를 보이기도 했다.

다음은 생리대 위해성 논란 진행 과정을 표로 정리한 것이다.

---

7) 못믿겠다면서… '유해 생리대' 자료 그대로 공개한 식약처, 조선닷컴, 2017.9.5
8) 식약처 "시판중인 생리대·기저귀, 안전성 문제 없다", 경향신문, 2017.9.28

[표 2. 생리대 위해성 논란 진행 과정]

날짜	사건
2017.3.21	여성환경연대-김만구 강원대교수, 생리대 총휘발성유기화합물(TVOC) 방출 실험 결과 발표
2017 8월초	온라인 커뮤니티에 깨끗한 나라 '릴리안' 사용자 부작용 제보
2017.8.20	식약처, 릴리안 제품조사 착수
2017.8.21	깨끗한 나라, "식약처 기준통과...릴리안 안전"
2017.8.23	깨끗한 나라, "릴리안 전제품 환불"
2017.8.24	여성환경연대, 릴리안 부작용 제보자 기자회견 깨끗한나라 측은 릴리안 전제품 생산·판매 중단 식약처, 깨끗한나라 등 생리대 제조사 5곳 현장조사
2017.8.25	식약처 "릴리안 제품 접착제, 발암물질 기준 못 미쳐"
2017.8.30	식약처 "김만구 교수팀 검사, 과학적 신뢰 어렵다"
2017.9.4	식약처, 김만구 교수팀 실험 조사대상 제품명 공개
2017.9.5	여성환경연대, 역학조사 요구 기자회견
2017.9.20	여성환경연대-정의당 생리대 위해성 토론회
2017.9.28	식약처, "생리대·팬티라이너, 안전성 문제 없다"

라. 팬티라이너의 안전기준 미흡[9]

팬티라이너가 의약외품, 공산품, 위생용품 중에 어느 군에 속하여야 하는지 모호한 실정이다. 여성들은 팬티라이너를 생리가 끝날 때쯤 양이 많지 않은 날에 사용하기도 하고, 평상시 질분비물 관리를 위해 사용하기도 한다.

이렇게 팬티라이너에는 생리혈 흡수용으로 만든 것과 평상시 사용하는 일반용이 있는데, 일반용도의 팬티라이너에는 상품 포장용 비닐에 '평상시 질 분비물 처리', '생리혈의 흡수처리용으로는 사용하지 마세요'라고 쓰여 있다. 그러나 P&G의 위스퍼 '피부

---

9) [생리대 '유해물질' 논란]'팬티라이너'는 의약외품? 공산품? 위생용품?, 경향신문, 2017.8.24

애'를 비롯한 일부 제품의 전면에는 '팬티라이너'라고만 쓰여있기 때문에 한눈에 구분하기 힘들다.

식약처에서는 "생리혈 흡수용도의 팬티라이너는 의약외품으로 지정해 약사법에 의해서 폼알데히드, 형광증백제, 색소 등 9가지 항목의 안전성과 품질을 검사하지만 그렇지 않은 팬티라이너는 의약외품 적용을 받지 않는다"고 했다.

그러나 '생리혈 흡수용'이 아닌 팬티라이너에 대해서는 안전기준이나 검사 절차가 아예 없다. '공산품'을 관리하는 국가기술표준원 관계자는 "팬티라이너는 공산품 관리품목이 아니다"라고 했다. 즉 이런 팬티라이너는 의약외품도, 공산품도 아닌 것이다.

식약처 관계자는 "이상하게 들리겠지만 그런 제품은 (허가 필요 없이) 그냥 업체가 만들어 판매하는 것"이라고 말했다. 식약처는 2016년에 관리 외 품목이던 팬티라이너와 식당 물티슈 따위를 '위생용품'으로 묶어 관리하는 방안을 추진하기 시작했다. 하지만 위생용품관리법에 따른 규제는 2018년 4월부터 시행된다.

2017년 생리대 유해성 논란에 의약외품으로 분류되던 릴리안의 팬티라이너도 부작용 논란이 불거졌다. 식약처는 소비자들의 불만이 빗발치자 등 떠밀리듯 업체 현장조사를 시작하고 전문가 회의를 열겠다며 나섰다. 하지만 릴리안은 과거의 식약처 품질 검사에서 문제가 없는 것으로 나온 터라, 소비자들은 "애당초 제품 허가를 내준 식약처가 다시 조사한다면 결과를 믿을 수 없다"며 불신을 표했다.

이종현 박사(독성학)는 "역학조사 말고는 해결방안이 없다"면서 "역학조사 역량 측면에서나, 식약처가 그간 관리주체였다는 면에서나 가습기 살균제 역학조사 경험이 있는 질병관리본부, 환경부가 나서는 게 바람직해 보인다"고 말했다. 이와 같이, 팬티라이너를 이용하는 여성들이 늘어감에 따라, 이에 대한 팬티라이너에 대한 철저한 안전기준을 마련하고, 모호한 분류기준을 다잡아야 할 것이다.

마. 생리컵, 국내 첫 수입·판매 허가

그동안 수입 허가가 나지 않아 여성들이 해외 직접구매(직구) 등으로 사서 써온 '생리컵'이 국내에서도 정식으로 시판된다. 식품의약품안전처는 2017년 12월 7일 미국 펨캡사가 제조하는 생리컵 '페미사이클'의 수입을 허가한다고 밝혔다. 식약처는 이외에도 국내 회사가 제조하는 생리컵 1종과 수입품 2종을 심사하고 있다고 밝혔다.

생리컵은 몸 안에 넣어 생리혈을 받아 내는 실리콘 재질의 여성 용품이다. 제품을 한 번 사면 10년쯤 쓸 수 있어 외국에서는 이미 대중화돼 있다. 일회용 생리대의 화학물질 문제가 불거지자 대안으로 생리컵에 관심을 갖는 여성들이 급증했다. 식약처는 수입 허가를 해달라는 요구가 많아지자 일회용 생리대처럼 생리컵에 대해서도 휘발성유기화합물 10종에 대한 조사와 위해성 평가를 하기로 하고 심사를 진행했다.

국내 최초로 시판 허가를 받은 '페미사이클'의 경우 인체에 유해한 영향을 미치지 않는 것으로 평가됐다고 식약처는 밝혔다. 제조사가 제출한 인체적용 시험 결과에 따르면 이 제품을 쓴 뒤 독성쇼크증후군이 발생한 사례도 없었다고 설명했다. 독성쇼크증후군은 황색포도상구균 독소에 의해 발생하는 급성질환으로, 고열과 구토, 설사, 어지러움 등의 증상을 일으킨다. 미국 등에서는 생리대 소비자들에게서 이런 증상이 나타났다는 보고가 있었다.[10)]

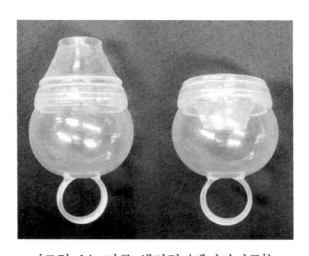

[그림 14. 미국 생리컵 '페미사이클']

---

10) 생리컵, 국내 첫 수입·판매 허가, 경향신문, 2017.12.7

바. 2020년 생리대 97% 발암물질 검출[11]

국내에서 유통되는 생리대의 97%에서 발암물질이 검출됐다. 국회 보건복지위원회 이의원이 식품의야품안전처의 '일회용 생리대 건강영향 조사' 자료를 분석한 결과에 따르면, 전체 조사대상 666개 품목 중 97.2%에 달하는 647개 제품에서 국제보건기구와 국제암센터가 분류한 발암류 물질이 검출됐다.

국제암연구소가 지정한 1급 발암물질인 벤젠, 트리클로로에틸렌이 검출된 품목은 666개 중 165개(25%)였다. 유럽 화학물질관리청에서 지정한 생식독성물질인 스테렌, 클로로포름, 톨루엔, 헥산이 검출된 항목은 639개(95.9%)였다.

해외 직구 제품 25종에서도 모두 발암물질과 생식독성물질이 검출됐다. 특히 해외 직구한 유기농 생리대의 7개 중 6개(85.7%)에서 벤젠이 검출돼 국내 유기농 제품(14%)보다 검출률이 높았다.

환경호르몬으로 불리는 프탈레이트류, 1급 발암물질 다이옥신이 검출된 제품도 많았다. 식약처가 지난해 국내에 유통 중인 생리대, 팬티라이너, 탐폰 등 여성 생리용품 126개 제품을 대상으로 조사한 결과 73개에서 프탈레이트류 성분이 검출됐다. 일회용 일반 생리대 3개 제품, 다회용 면 생리대 8개 제품 전체에서 다이옥신류 성분이 검출됐다.

---

11) 생리대 97% 발암물질 검출… 해외직구도 안심 못 해/조선비즈, 안소영

시중 유통 여성용품 발암물질 검출 현황

2014년 이후 국내 시중에 유통된 조사 대상 666개 제품 기준

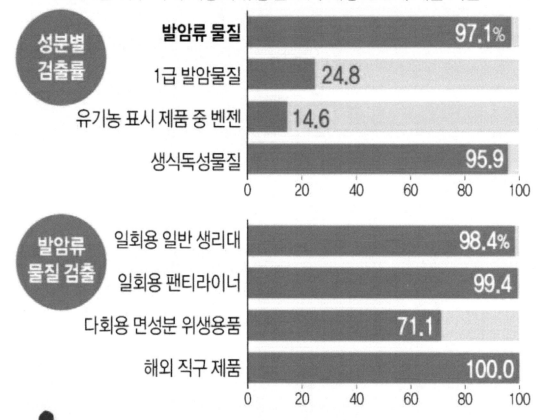

성분별 검출률

발암류 물질	97.1%
1급 발암물질	24.8
유기농 표시 제품 중 벤젠	14.6
생식독성물질	95.9

발암류 물질 검출

일회용 일반 생리대	98.4%
일회용 팬티라이너	99.4
다회용 면성분 위생용품	71.1
해외 직구 제품	100.0

발암류 물질(세계보건기구, 국제암연구소 기준): 디클로로메탄, 헥산, 클로로포름, 벤젠, 트리클로로에틸렌, 톨루엔, 테트라클로로에틸렌, 에틸벤젠, 스티렌, 자일렌 등

1급 발암물질(국제암연구소 기준): 벤젠, 트리클로로에틸렌

생식독성물질(유럽 화학물질관리청 기준): 스티렌, 클로로포름, 톨루엔, 헥산

자료/ 식품의약품안전처. 이용호 의원

https://blog.naver.com/well-being77

V. 여성위생용품 국내 시장 분석

5. 여성위생용품 국내 시장 분석

가. 생리용품 시장분석

1) 생리용품 시장분석

생리용품은 생리혈을 처리하기 위한 목적으로 사용되는 제품으로 의약외품[12] 허가를 받아 판매되고 있으며, 현재 일회용 다회용 생리대, 탐폰, 생리컵 등이 있다.

국내에서 제기된 '생리대 안전성' 논란 이후 일회용 생리대 생산은 기존보다 줄어든 반면 면 생리대의 생산은 급증한 것으로 나타났다.

시중에서 판매된 일회용 생리대의 인체 유해성 문제를 두고 불안감이 커지면서, 면 생리대나 생리컵 등 대안을 찾는 여성들이 늘어난 것으로 풀이된다.

'안전한 생리대'를 찾는 소비자들이 늘면서 생리대 시장에서 유기농의 비중도 조금씩 커지고 있다. 한 대학 연구팀과 환경단체의 고발에서 시작된 '생리대 유해물질 파동' 이후 약 3년이 지난 지금, 생리대 제품군에서 유기농 제품이 차지하는 비중은 물론 관련 제품 종류도 다양해지고 있다.

11번가에 따르면 2020년 상반기 유기농 생리대 매출은 지난해 같은 기간에 비해 40.3% 증가했다. 전체 생리대 매출이 30.8% 늘어난 것과 비교하면 증가율이 9.5%포인트(p) 앞선 셈이다.

이에 따라 전체 생리대 매출에서 유기농 생리대가 차지하는 비중은 33.4%로 전년 동기(31.2%)보다 2.2%p 상승했다.

유한킴벌리, 깨끗한나라 등 국내 주요 생리대 제조·판매사들은 최근 몇 년에 걸쳐 '유기농'과 '친환경' 키워드를 앞세운 제품들을 잇따라 선보이고 있다.

식품의약품안전처에 따르면, 2020년 생리대 생산실적은 약 2,608억원으로 의약외품 생산실적 중 17.7%을 차지하며 전년에 비해 18.8% 감소한 것으로 나타났다.

지난 2017년 생리대 파동 이후 빠른 성장을 이뤄낸 주요 면생리대 제조사는

---

[12] 의약외품 : 생리대, 탐폰 등 생리용품, 보건용 마스크부터 치약, 가정용 살충제, 모기 기피제, 손 소독제 등 다양한 물품이 포함되어 있다.

2019년 국내 인건비 및 제조원가 상승 등 외부적 요인들로 인해 창업 이후 첫 적자를 기록했다. 이후 지속적인 사업 구조조정을 통해 고정비 지출을 줄이고 국내 생산망 일부를 해외로 이전해 2020년 2분기 흑자로 전환하며 재무 건전성을 한층 개선했다.

제조사는 면생리대를 대표 브랜드로 보유하고 있으며, 많은 기업들이 코로나19 확산으로 인한 어려움을 겪고 있는 과정에서도 국내 온라인 시장 공략 및 수출 물량 증대를 통해 어려움 없이 사업을 지속해 나가고 있다. 특히 2020년 수출 실적은 작년 한 해 수출 총액을 뛰어 넘으며 매출 견인에 큰 기여를 했다.

이렇듯 유한킴벌리, 깨끗한나라, 웰크론헬스케어 등 생리대 주요 생산 업체의 매출은 2019년 1690억 3818만원에서 2020년 1377억 9416만원으로 15.6% 줄었으며 2021년 이후에도 점차 감소하는 추세인데 반해 생리컵은 총 5개 업체에서 8억 6,002만원의 실적을 낸 것으로 나타났고 면생리대 또한 지난 생리대 파동 이후에도 꾸준한 성장률을 보인다.

가) 일회용 생리대

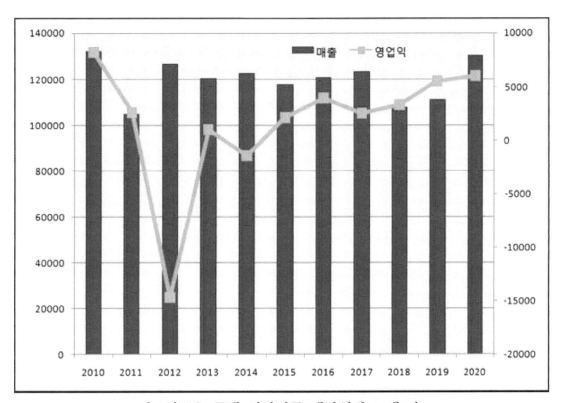

[그림 16. 국내 의약외품 생산실적 그래프]

국내 의약품 시장 성장 속도가 가파르다. 최근 5년간 연평균 7.1% 성장하며 전체 제조업 성장률의 3배에 달하는 것으로 나타났다. 2020년 의약품 수출액은 역대 최고치를 찍었다.

식품의약품안전처는 2020년 국내 의약품 시장규모가 2019년(23조 1175억원) 대비 5.2% 증가한 24조 3100억원으로 성장했다고 밝혔다.

전체 의약품 생산실적은 22조 3132억원으로 2019년(21조 1054억원) 대비 5.7% 증가했고, 최근 5년간 연평균 7.1% 성장하여 전체 제조업 성장률(2.4%)의 3배에 달했다.

지난해 생산실적은 완제의약품 19조 8425억원(전체의 88.9%), 원료의약품 2조 4706억원(전체의 11.1%)으로, 국내 의약품 생산에서 완제의약품의 비중이 증가하고 있다.

생산실적 상위 5개 품목군은 치약제(5628억원, 34.0%), 내복용제제(3466억원,

20.9%), 생리용품(2356억원, 14.2%), 마스크(2231억원, 13.5%), 붕대·반창고 등 (1326억원, 8.0%)이었다.

업체별로는 '동아제약'(3222억원)이 2018년에 이어 1위를 차지하였고, '엘지생활건강'(2587억원), '아모레퍼시픽'(1264억원)', '유한킴벌리'(1110억원), '애경산업'(1011억원)이 뒤를 이었으며, 이들 업체가 전체 생산실적의 55.5%를 차지했다.[13]

▌생리대 유해물질 파동 논란 전후 시장변화

생리대 유해물질 파동 논란 전후 생리대 시장점유율에 대해서 분석해보고자 한다.

[표 3. 유해 생리대 논란 전 생리대 시장점유율]

구분	제조사	2016년 상반기	2016년 하반기	2017년 상반기
1	유한킴벌리	56.5	56.8	57
2	LG유니참	22.2	22.6	22.5
3	한국 P&G	9.6	8.9	8.2
4	깨끗한 나라	9.4	9.5	10.2
5	퓨어린	1.7	1.5	1.3
6	기타	0.5	0.8	0.9

(단위:%, 자료:업계)

2016년부터 생리대 업계는 여러 이슈에 휘말렸다. 우선 소셜미디어에 '생리대 살 돈이 없어 운동화 깔창을 쓰는 친구를 봤다'는 글이 화제가 되면서 생리대 가격이 국민적 관심사로 떠올랐다. 이 글의 진위와는 무관하게, 생리대 가격 인상 시기와 생리대가 비싸 생긴 일에 대한 고충, 이에 대한 관심이 맞물려 결국 생리대 지원법 논의까지 이어졌다.

그러나 이슈는 있었지만, 업계 차원에서의 변화는 거의 없었다. 생리대 브랜드 '화이트'와 '좋은느낌'을 보유한 유한킴벌리의 자리는 흔들리지 않았다. 2017년 생리대 유해물질 파동 전까지 보아도 유한킴벌리는 생리대 시장의 점유율 반 이상을 차지하는 부동의 1위 자리를 이어왔다.

그리고 LG생활건강의 자회사인 유니참이 2위, 한국 P&G와 깨끗한나라가 근소한

---

13) 국내 의약품 생산 최근 5년간 연평균 7.1% ↑ / 메디컬투데이, 박수현

차이로 3,4위를 쟁탈하며 2017년 상반기에는 깨끗한나라가 3위를 차지했다. 깨끗한 나라는 중견기업으로는 이례적으로 대기업 사이에서 10%대 점유율을 누리며 나름의 영역을 구축해왔다. 깨끗한 나라의 '릴리안'은 상대적으로 저렴해 온라인 상점에서 인기를 끌었다.

[표 4. 유해 생리대 파동 이후 시장점유율]

구분	제조사	2017년 9~10월
1	유한킴벌리	57.6
2	LG유니참	27.1
3	한국 P&G	9.9
4	퓨어린	2.7
5	기타	1.8
6	깨끗한 나라	0.9

유해 생리대 파동의 시작은 2017년 3월 여성환경연대와 강원대 김만구 교수팀이 국내 상위 4개사의 생리대 11개 성분을 조사한 결과를 발표하면서부터이다. 대상이 된 모든 제품에서 휘발성 유기화합물이 검출됐다는 결론이 나와 사용자를 경악하게 만들었다. 이어 2017년 8월 초, 가장 많은 유해물질이 나온 제품이 깨끗한나라의 '릴리안' 생리대라는 사실이 보도되고, 릴리안 제품 사용 후 부작용을 겪었다는 사람들의 목소리가 커지면서 깨끗한나라 측은 이에 릴리안 제품을 회수하였다.

생리대 논란이 거세지자 식품의약품안전처는 전수 조사 끝에 2017년 9월 "시중에 판매되는 생리대 중 인체에 유해하다고 볼만한 제품은 없다"는 결론을 내놓았습니다만, 불안감을 해소하기엔 역부족이었다.

생리대 파동 이후 시장점유율은 3위를 차지하던 깨끗한나라의 점유율이 떨어지면서 유한킴벌리, LG유니참, 한국P&G의 점유율이 전반적으로 상승했다. 결과적으로 깨끗나라의 점유율 하락 외에는 변화가 없다고 볼 수 있다.[14]

---

14) [별별 마켓 랭킹]유해 생리대 파동 그 이후의 순위는?, 중앙일보, 2017.12.16

■ 2020년 이후 시장점유율

구분	제조사	2020년
1	유한킴벌리	42.6
2	LG유니참	22.2
3	웰크론	15.3
4	기타(유기농생리대)	13.1
5	깨끗한 나라	6.8

*한국 P&G는 2018년 이후 생리용품 국내 생산 중단

 유한킴벌리의 국내 시장 점유율은 42.6%로 여전히 건재한 1등이지만, 점유율 과반(57%)을 차지했던 2016년에 비해서는 많이 내려갔다.

 이에 유한킴벌리는 기존 시그니처 브랜드 '화이트'와 '좋은느낌'에 더해 2018년 '천연 원료'를 강점으로 내세운 '라 네이처'를 선보였으며 2020년 이후에도 각 브랜드별로 탐폰, 패드, 입는 오버나이트, 라이너에 이르기까지 유기농 제품군을 다각화하며 반전을 꾀하고 있다.

 깨끗한나라의 경우 시장 점유율이 생리대 파동 전인 2016년 12.6%에서 6.8%로 급락하여 고전을 면치 못했다.

 깨끗한나라는 문제가 됐던 '릴리안' 브랜드를 과감하게 폐기하는 승부수를 띄우며 대대적인 브랜드 재편에 나섰으며 메인 브랜드인 '순수한면'은 생리대와 팬티라이너, 탐폰, 오버나이트 등 모든 제품에 '100% 유기농 순면'을 사용했다는 점을 내세우고 있다.

❚ 생리대 브랜드 평판 분석 순위

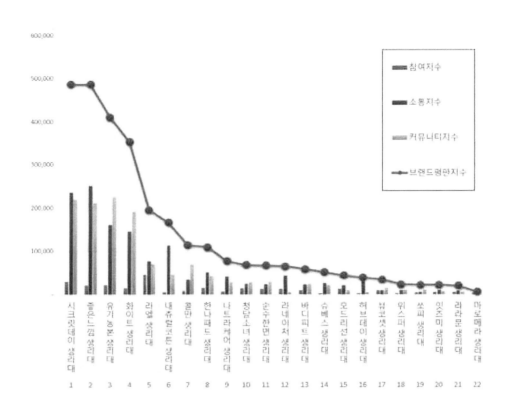

[그림 17. 상위 22위 생리대 브랜드 평판 순위]

생리대 브랜드평판 2021년 1월 빅데이터 분석결과, 1위 시크릿데이 2위 좋은느낌 3위 유기농본 순으로 분석되었다.

한국기업평판연구소는 국내 소비자에게 사랑받는 생리대 브랜드 22개에 대한 브랜드 빅데이터 평판분석을 하였다. 2020년 12월 24일부터 2021년 1월 26일까지의 생리대 브랜드 빅데이터 2,930,128개를 분석하였다. 지난 12월 생리대 브랜드 빅데이터 2,841,125개와 비교하면 3.13% 증가했다.

브랜드에 대한 평판은 브랜드에 대한 소비자들의 활동 빅데이터를 참여가치, 소통가치, 소셜가치, 시장가치, 재무가치로 나누게 된다. 생리대 브랜드 브랜드평판지수는 참여지수, 소통지수, 커뮤니티지수로 분석하였다.

브랜드평판지수는 소비자들의 온라인 습관이 브랜드 소비에 큰 영향을 끼친다는 것을 찾아내서 브랜드 빅데이터 분석을 통해 만들어진 지표로 브랜드에 대한 긍부정 평가, 미디어 관심도, 소비자의 참여와 소통량, 소셜에서의 대화량으로 측정된다. 신제품런칭센터에서 분석한 브랜드 유통에 대한 평가와 브랜드의 디지털 트랜스포메이션을 포함하였다.

2021년 1월 생리대 브랜드평판 순위는 시크릿데이, 좋은느낌, 유기농본, 화이트, 라엘, 내츄럴코튼, 콜만, 한나패드, 나트라케어, 청담소녀, 순수한면, 라네이처, 바디피트, 슈베스, 오드리선, 허브데이, 뷰코셋, 위스퍼, 쏘피, 잇츠미, 라라문, 마로메라 순으로 분석되었다.

1위, 시크릿데이 생리대 브랜드는 참여지수 30,186 소통지수 236,620 커뮤니티지수 220,271이 되면서 브랜드평판지수 487,077로 분석되었다. 지난 12월 브랜드평판지수 474,594와 비교하면 2.63% 상승했다.

2위, 좋은느낌 생리대 브랜드는 참여지수 21,926 소통지수 251,605 커뮤니티지수 213,035가 되면서 브랜드평판지수 486,566으로 분석되었다. 지난 12월 브랜드평판지수 384,893과 비교하면 26.42% 상승했다.

3위, 유기농본 생리대 브랜드는 참여지수 23,143 소통지수 161,460 커뮤니티지수 226,349가 되면서 브랜드평판지수 410,951로 분석되었다. 지난 12월 브랜드평판지수 347,816과 비교하면 18.15% 상승했다.

4위, 화이트 생리대 브랜드는 참여지수 14,578 소통지수 146,625 커뮤니티지수 191,637이 되면서 브랜드평판지수 352,840으로 분석되었다. 지난 12월 브랜드평판지수 289,455와 비교하면 21.90% 상승했다.

5위, 라엘 생리대 브랜드는 참여지수 47,338 소통지수 77,280 커뮤니티지수 70,870이 되면서 브랜드평판지수 195,488로 분석되었다. 지난 12월 브랜드평판지수 179,380과 비교하면 8.98% 상승했다.

한국기업평판연구소 구창환 소장은 "2021년 1월 생리대 브랜드 분석결과, 시크릿데이 브랜드가 1위를 기록했다. 생리대 브랜드 카테고리를 분석해보니 지난 12월 생리대 브랜드 빅데이터 2,841,125개와 비교하면 3.13% 증가했다. 세부분석을 보면 브랜드 소비 27.97% 하락, 브랜드 소통 3.36% 하락, 브랜드 확산 13.58% 상승했다."라고 전했다.

이어 "2021년 1월 생리대 브랜드평판 1위를 기록한 시크릿데이 브랜드는 링크 분석에서 '달성하다, 런칭하다, 기부하다'가 높았고, 키워드 분석에서는 '유기농, 오버나이트360, 서현'이 높게 분석되었다. 시크릿데이 브랜드에 대한 긍부정비율 분

석에서는 긍정비율 87.04%로 분석되었다."라고 덧붙였다.[15]

2021년 01월 26일

순위	생리대 브랜드	참여지수	소통지수	커뮤니티지수	브랜드평판지수
1	시크릿데이 생리대	30,186	236,620	220,271	487,077
2	좋은느낌 생리대	21,926	251,605	213,035	486,566
3	유기농본 생리대	23,143	161,460	226,349	410,951
4	화이트 생리대	14,578	146,625	191,637	352,840
5	라엘 생리대	47,338	77,280	70,870	195,488
6	내츄럴코튼 생리대	5,827	113,850	47,005	166,682
7	콜만 생리대	8,728	35,535	70,146	114,410
8	한나패드 생리대	16,029	51,750	42,666	110,445
9	나트라케어 생리대	6,763	41,745	28,926	77,434
10	청담소녀 생리대	14,414	25,185	28,926	68,526
11	순수한면 생리대	13,291	23,805	30,373	67,469
12	라네이처 생리대	14,134	44,850	6,508	65,492
13	바디피트 생리대	10,507	24,495	24,587	59,589
14	슈베스 생리대	3,955	26,565	21,695	52,214
15	오드리선 생리대	14,321	21,045	9,401	44,767
16	허브데이 생리대	3,253	30,705	5,785	39,743
17	뷰코셋 생리대	9,664	9,315	15,909	34,889
18	위스퍼 생리대	3,721	9,315	10,847	23,883
19	쏘피 생리대	4,212	6,555	11,571	22,338
20	잇츠미 생리대	5,733	9,315	7,232	22,280
21	라라문 생리대	6,178	8,625	5,785	20,588
22	마로메라 생리대	3,978	1,035	1,446	6,459

---

15) [브랜드평판, 생리대]/기업경제

나) 면 생리대

생리대 유해물질 논란 이후 이에 대한 대안을 찾던 소비자에게 면 생리대가 인기를 끌고 있다. 여성들이 생리혈 감소, 불규칙한 생리 주기 변화 등 일회용 생리대 사용으로 부작용을 겪으면서 화학제품에 대한 불안감(케미 포비아)이 커지고 있기 때문이다.

- 온라인 스토어에서 면 생리대의 매출 증가

옥션에 따르면 면 생리대는 2017년 8월20~22일을 기준으로 전주(2017년 8월13~15일) 대비 1013%, 전월(7월20~22일) 대비 1357% 판매가 늘었다. G마켓에서도 같은 기간 면 생리대는 전주 대비 751%, 전월 대비 1726% 판매가 급증했다. 11번가에서도 같은 기간 체내형 생리대, 성인 기저귀 등 대체 상품들이 전주 대비 각각 117%, 23% 매출이 올랐다. 전월과 대비해서는 각각 220%, 31% 매출이 증가했다.

- 마트나 드럭스토어등 온라인매장에서도 면생리대 판매량 증가

이마트에 따르면 2017년 10월6일부터 24일까지 면생리대의 판매량은 2266.7% 증가(지난해 같은 기간 대비)했다. 판매량만 놓고 보면 2200%가 올랐다.

정부가 국내에서 판매하는 생리대와 어린이용 기저귀의 안전성에 문제가 없다고 발표 했지만 일반 생리대의 판매량은 3.3% 소폭 감소했다. 소비자들이 여전히 일반 생리대를 불신한다는 이야기다.

이마트 관계자는 "일부 수입 제품은 진열하면 금세 동이 날 정도로 인기가 좋다"며 "특히 면생리대는 올해 9월 판매량이 지난해 같은 달과 비교해 3885.5% 늘었다"고 밝혔다. 상황이 이렇다보니 인터넷에서는 면생리대 세탁 및 관리법 등이 올라오고 있고, 면생리대 세탁 전용 세제도 인기를 끌고 있다.[16]

현재 국내 면생리대 산업은 '한나패드', '로한패드' , '그나랜' 등에 의해 전개되고 있다. 또한 일반 여성용품과는 달리 면생리대는 이를 직접 '가내수공업'을 통해 만들어 사용하는 여성들도 많다. 실제로 여성민우회, YWCA 등의 단체는 면생리대 제작법에 대한 강좌를 진행하고 있으며, 일반 소비자들도 역시 블로거 등을 통해 제작팁을 공유하고 있는 상태다.

---

16) 빨아쓰는 면생리대 인기 폭발... 판매량 2200% 급증, 시장경제, 2017.11.1

- 면생리대 브랜드 '한나패드' 매출 급증

 면 생리대 브랜드인 '한나패드'는 생리대 유해물질 파동으로 인하여 소비자들의 관심을 받게 되어 매출이 크게 성장했다. 한나패드는 소비자의 주문량이 폭주하여 이에 대한 물량 제작이 늦어져서 홈페이지에 공지하기도 했다.

 면생리대 사업을 10년 째 전개 중인 '한나패드'의 장영민 대표는 "국내 대안생리대 업계 전체 규모를 약 100억 대로 추산하고 있다. 한나패드의 매출은 매년 2배 씩 성장하고 있다. 주요 소비자층은 특별한 연령대로 한정되지 않고 가임기 여성이라면 누구나 쓸 수 있다. 내 몸을 위해 좋은 제품을 쓰려고 노력하는 소비자들이 늘어나고 있다는 증거"라고 자평했다.

- 생리대 파동 이후

 생리대파동 이후 시장에 변화의 움직임이 감지되어왔다. 생리컵, 면생리대를 비롯해 입는 생리대 등의 인기가 늘면서 생산량이 대폭 증가했다. 이에 따라 여성들의 선택권도 넓어졌다.

 근 2020년 여성용품 시장에서 화제가 되고 있는 제품은 신생 벤처기업인 단색이 선보인 입는 생리대 '논샘 팬티'다. 이 제품을 착용하면 따로 생리대를 쓰지 않아도 된다. 황태은 단색 대표는 "피부가 예민해 시중 생리대를 사용할 때 질염이나 아토피로 많이 고생했다"며 "'평소 입는 팬티가 생리대 역할까지 했으면 좋겠다'는 생각이 제품 개발로 이어졌다"고 설명했다. 이 제품의 가장 큰 장점은 혈이 샐 걱정이 없어 활동하기 편하다는 점이다. 일반 생리대에 붙어있는 흡수체도 없다. 황 대표는 "폴리에스터와 면, 폴리우레탄 등을 조합해 만든 특수 원단으로 흡수·건조력을 높였다"며 "중형 생리대와 흡수량(25~35mL)이 비슷하다"고 강조했다. 이 제품은 2019년 11억원의 매출을 올렸다.

 '한나패드'로 면 생리대 시장에서 압도적 1위를 지키고 있는 지앤이바이오텍은 19년도에 92억5000만원의 매출을 올렸다. 3년 전에 비해 3.2배 성장한 것. 화학물질이 포함된 일반 시중 생리대를 사용할 때보다 가려움증과 생리통이 줄어든다는 게 가장 큰 장점으로 꼽힌다.

다) 탐폰

탐폰(체내형 생리대) 시장은 성장세를 기록하고 있다. 시장 조사기관인 닐슨코리아에 따르면 2009년 96억 원이던 국내 체내형 생리대 시장은 매년 꾸준히 커져 2016년 179억 원으로 성장했으며, 2017년에는 191억 원으로 성장했다.

이는 생리대 유해물질 파동에 따른 결과로 볼 수 있다. 국내 일회용 생리대에 대한 불안이 커져가자 소비자들은 이에 대한 대안으로 체내형 생리대에 관심을 돌리게 된 것이다.

체내형 생리대 시장의 성장을 이끈 제품은 동아제약의 '템포'다. 템포는 2009 ~ 2015년 7년 연속 체내형 생리대 시장 1위를 차지했다. 시장 점유율도 2015년 58%(매출 74억 원)에 달했다. 2위는 후발주자로 2013년 출시된 유한킴벌리의 '화이트 탐폰'이다.

동아제약은 국내 여성들의 사회 진출이 늘어나던 1977년 국내 최초의 체내형 생리대 템포를 출시했다. 하지만 보수적인 사회 분위기와 여성들의 거부감으로 기대만큼의 성과를 거두지는 못했다. 이후 동아제약은 '자유로운 활동성', '티나지 않는 스타일' 등 체내형 생리대의 특장점을 소비자들에게 꾸준히 어필했다.

100% 순면 흡수체를 적용하고 어플리케이터(흡수체 감싸는 용기), 흡수체, 개별 포장지를 3중 멸균 처리하는 등 제품도 개선했다. 생리량에 따라 레귤러, 슈퍼 등으로 세분화해 선택의 폭을 넓히고, 미국 텍사스산 유기농 순면 원단으로 만든 '템포 내추럴'로 라인업을 확장하기도 했다.

동아제약 관계자는 "앞으로 더욱 많은 소비자가 접할 수 있도록 활발한 홍보 활동을 펼쳐 템포가 동아제약을 대표하는 블록버스터 제품이 되도록 노력하겠다."고 말했다.[17]

생리대 파동 이후 4년, 2021년 기준 아직까지는 대부분의 여성들이 일회용 생리대를 사용하고 있지만, 체내 삽입형 생리대인 탐폰의 인기가 현저히 높아지고 있다.

업계에 따르면 탐폰시장이 연 10% 이상의 급성장 하는 것으로 나타났다. 유한킴벌리의 화이트 탐폰의 경우 2020년 판매량이 전년 같은 기간보다 250% 증가했다.

또한 해피문데이 탐폰은 국내에서 6년 만에 출시된 탐폰 신제품으로, 선택지가 제한

---

17) 체내형 생리대 아시나요? 40살 동아제약 '템포' 질주, 뉴스핌, 2017.9.6

적이었던 탐폰 시장에서 출시 1년 만에 누적 10만 팩이 판매된 인기 제품이다. 이번 입점은 습도가 높아지고 여성의 활동량이 증가함에 따라 탐폰에 대한 선호도가 높아지면서, 기존 자사몰 위주로 판매되던 해피문데이 탐폰의 오프라인 구매 수요가 증가하면서 성사되었다.

 해피문데이 탐폰은 내피부터 외피, 흡수용 실까지 유기농 순면 100% 소재로 제작되었다. 기존 탐폰과 다르게 날개형 흡수체를 사용하여 흡수력을 강화하였으며, 지속 가능한 소비를 선호하는 트렌드에 따라 친환경 바이오플라스틱 어플리케이터와 종이 포장재를 사용했다.

2017년	2018년	2019년	2020년	2021년(전망치)
191억원	213억원	222억원	234억원	256억원

[그림 18. 국내 탐폰시장 규모 추이]

 2017년 생리대 파동 이후 면생리대 뿐만 아니라 생리컵 사용이 비교적 크게 늘었고, 탐폰 또한 크게 오른 수준이다. 이는 2020년 이후에도 꾸준히 상승세를 타고 있다.
18)

---

18) 탐폰 사용 현황과 시장변화/ 케미컬뉴스

라) 생리컵

선진국에서는 생리컵을 70여년 동안 사용하고 있고, 현재 50여 개국이 넘는 나라에서 30여 가지의 다양한 브랜드들이 판매되고 있으나, 한국에서는 생리컵 시장이 아직 형성되지 않았다. 생리컵은 최근에 들어 생리대의 위해성 논란이 일어나자 주목받기 시작했다.

국내에서는 아직 생리컵 시장이 형성되지 않았고, 의약외품으로 분류된 생리컵은 식약처의 허가를 받아야 한다. 이와 같은 안정성 입증 절차를 위해서는 2억 원 정도가 소모된다. 업체에서는 이 비용의 충당과 생리컵의 향후 시장 발전가능성을 염려하여 국내 생리컵 시장진입이 더딘 상태였다. 그러나 최근 '이지앤모어'에서 생리컵 출시허가를 위한 '블랭크 컵 프로젝트'를 진행하여 펀딩에 성공하였다.

크라우드펀딩 대표기업 '와디즈'에서 월경컵 출시 허가를 위해 '블랭크 컵 프로젝트'를 진행했던 소셜 벤처 기업 '이지앤모어'가 와디즈 펀딩 성공 7개월 만에 식품의약품안전처로부터 국내 최초의 생리컵 품목허가를 획득하였다. 이지앤모어가 직접 제작한 블랭크 컵은 2018년 상반기 출시됐다.

월경컵은 종 모양처럼 생긴 실리콘 컵으로 인체에 삽입해 여러 번 사용할 수 있어 경제적이고 위생적인 사용이 가능해 그 수요가 점차 증가하고 있다. 하지만 월경컵은 국내에서 의약외품으로 취급해 식약처의 허가를 받은 후 판매 및 제조할 수 있어 해외 제품을 직접 구매해야 하는 등 사용하기에 어려움이 따랐다.

이에 여성들의 건강한 월경 라이프를 지향하며 다양한 서비스를 제공하는 사회적 기업 이지앤모어는 여성들이 다양한 월경 용품을 선택할 수 있도록 월경컵 국내 도입을 위한 '블랭크 컵 프로젝트'를 지난 5월 와디즈에서 진행, 약 2600명의 서포터들의 성원을 받아 목표금액을 초과 달성해 약 5920만 원을 모으며 성공적으로 펀딩을 종료한 바 있다.

'블랭크 컵 프로젝트'는 당당한 월경 문화를 선도하기 위해 월경컵을 알릴 수 있는 핸드폰 케이스와 일러스트 스티커, 클러치와 월경컵을 보관할 수 있는 파우치 세트를 리워드로 제공하고 수익금을 월경컵의 안정성 및 독성 검사, 임상 실험 등에 사용했다.

2020년 이후에도 기존 일회용 생리대를 대체할 수 있는 제품으로 생리컵이 주목을 받고 있으며 국내외 다양한 생리컵 제품을 접할 수 있어 사용자들의 선택폭이 넓어졌다.

생리컵에 대한 관심이 높아짐에 따라 국내 유일의 생리컵 살균기 제조업체 이음 (EUM)에서 생리컵 살균기를 출시해 주목을 받고 있다. 이음 생리컵 살균기는 기존의 끓이는 방식이 아닌 스팀방식으로 안전하고 살균효과가 높다는 특징을 갖는다.

더블스팀샤워 시스템으로 2중 분사가 이뤄지는 이음 생리컵 살균기는 열과 압력을 가하는 물리적인 소독방식을 채택하고 있다. 기기 내에서 약 100℃에 가까운 수증기를 뿜어내 그릇을 삶는 것과 같은 원리로 잔존 세균을 제거한다. 또한 내부 이중 구조로 뜨거운 열기를 막아주며, 샤워기 구조로 생리컵 내/외부를 체계적으로 살균하는 구조다. 또한 오수가 분리돼 원수로 재유입 되는 것을 방지하는 특허 기술을 사용하고 있다.

또한 최근에는 100% 의료용 실리콘 생리컵인 '프림로즈컵'이 태진실리콘에서 생산되었는데 태진실리콘은 2018년 첫 제조 출시 된 국내 1호 생리컵을 약 12만개를 출고시키며 선풍적인 인기를 끌어온바 있다. 총괄본부장은 프림로즈컵은 유아용 제품 소재보다도 더 안전성이 뛰어난 의료용 실리콘으로 제작되어 체내에 30여일을 넣어두어도 전혀 문제가 없으며 환경호르몬과 화학물질로부터 걱정 없는 친환경ㆍ의료용 제품으로 알레르기와 민감한 피부를 가진 여성도 안심하고 사용할 수 있을 것이라고 전했다. [19]

생리컵은 여성의 질 내부에 삽입 설치해 생리혈을 받아내는 방식의 새로운 생리용품이다. 4~12시간마다 제거하여 내용물을 비우고 세척 후 다시 장착하는 식으로 재사용이 가능하다. 생리컵을 사용해본 경험자들을 상대로 '생리컵을 다른 사람에게 추천하겠는가?'에 대한 질문에 82.4%에 이르는 다수의 사용자들이 생리컵을 다른 여성들에게 추천하겠다는 반응이 위 통계에서 나왔다.

생리컵은 반영구적으로 사용할 수 있기 때문에, 경제적 부담이 일회용 생리대나 탐폰에 비해서 매우 낮고, 환경 보호에 이바지할 수 있으며, 생리대를 사용하면서 발생할 수 있는 피부 알레르기 등을 예방할 수 있다.

대부분의 여성들이 생리컵에 대해서 알고 있을 만큼 관심은 받고 있으나, 국내 여성의 1.4%만이 사용하고 있다는 것은 무엇인가 문제가 있어서일 것이다. 많은 여성들이 '인식'하고는 있지만 실제로 사용하지는 못하고 있는 이유 중에는 '체내 삽입에 대한 거부감(79.2%)'도 있지만, 생리컵은 여러 번 사용할 수 있는 반영구제품이기 때문에, '위생 관리가 번거로울 것 같아서 사용하지 않는다(59.4%)'고 한다.

'이너문'은 바로 이러한 '위생 관리의 번거로움'을 해결하기 위해 탄생한 세계 최초

---

19) 삶을 바꾸는 새로운 시작! 100% 의료용 실리콘 생리컵 '프림로즈컵, 2020.01.29

의 **'휴대가 가능한 생리컵 소독기'**이다.

 높이 12㎝, 무게 80g에 불과한 계란 모양의 살균기인 '이너문'의 사용법은 아주 간단하다. 생리컵의 내용물(생리혈)을 비우고, 물로 간단히 세척한 후, '이너문'안에 넣어주면 끝이다. 2분간의 살균 과정이 끝나면, 99.9% 이상의 균들이 제거되며, 사용자는 멸균된 생리컵을 다시 장착하면 된다. 이너문을 만든 스텝퍼스(대표 김남주, 김창규)는 '여성들의 실생활에 정말로 필요한 것이 무엇인가?'를 고민하면서, 6년에 걸친 연구개발 끝에 이너문을 완성했고, 생리컵을 사용하는 여성들의 지지를 받으며 판매량이 증가하고 있다고 한다.[20]

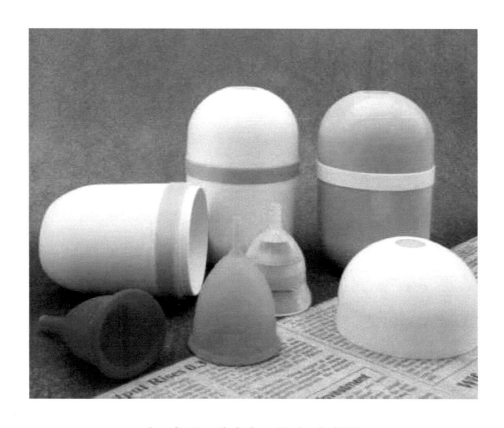

[그림 19. 생리컵 소독기 이너문]

---

20) 생리컵, 위생을 만나다? 이너문/ 스포츠경향, 엄정한

2) 생리용품 소비자조사

식품의약품안전처에서 여성을 대상으로 설문조사를 실시하였다. 조사는 전국 17개 시 도에 거주하는 10~60세 미만 가임 여성1,028명을 대상으로 설문 방식으로 진행되었다.

이 조사는 생리대 유해물질 파동이후 여성들의 생리대 사용현황을 조사하고, 대안으로 떠오르고 있는 '생리컵'에 대한 인식조사와 사용실태를 조사하기 위해 실시되었다.

가) 생리용품 사용실태 및 인식도 조사

조사 대상자(1,028명) 중 생리대와 탐폰, 생리대와 생리컵 등 생리용품의 중복 사용자가 217명이었으며, 중복 사용을 포함하여 현재 사용 중인 생리용품을 실태 조사한 결과, 일회용 생리대(80.9%), 탐폰(10.7%), 다회용 생리대(7.1%), 생리컵(1.4%) 순이었다.

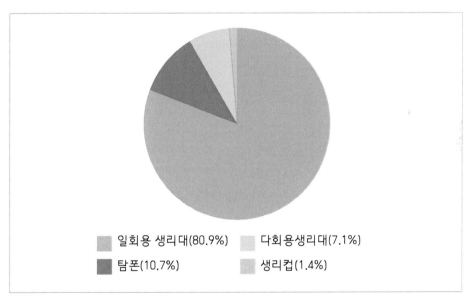

[그림 21. 생리용품 사용실태 조사]

조사대상(1,028명) 중 생리용품을 구매 또는 사용 시 중요하게 고려하는 요소는 '사용 편리성'(36.4%)로 가장 높았고, 그 뒤로 '안전성'(27.8%), '기능성'(26%), '경제성'(9.7%) 순이었다.

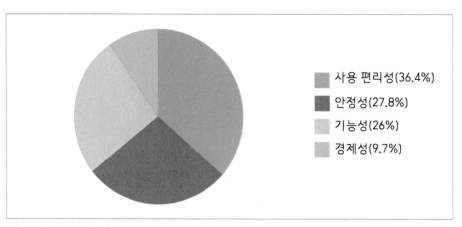

[그림 22. 생리용품을 구매 또는 사용 시 중요하게 고려하는 요소]

생리용품에 대한 만족도는 '사용편리성'과 '흡수 및 새는 정도'에서 각각 45.8%, 35.8%를 보인 반면, '구입 가격'(11.7%), '생리통영향정도'(15.9%), '피부 트러블'(17.9%), '냄새 차단정도'(18.3%) 등의 부분에서는 상대적으로 낮았다.

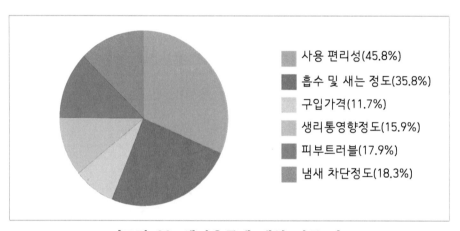

[그림 23. 생리용품에 대한 만족도]

생리용품 구입 시 원료명, 사용상 주의사항 등 제품정보를 반드시 확인하는 소비자는 7.7%, 가급적 확인하는 소비자는 37.7%, 전혀 확인하지 않는 소비자는 7.7%, 별로 확인하지 않는 소비자는 46.8%로 조사되었다.

제품정보를 확인하는 비율이 절반에 약간 못 미치는 45.4%로 소비자가 생리용품 제품포장 정보를 참조하는 경우가 상대적으로 적은 것으로 파악되었다.

나) 생리컵 인지도 및 사용경험 조사

생리컵에 대한 인지도는 응답자의 41.1%가 '알고 있다'고 응답하였다. 연령별로는 10~20대가 61%로 다른 연령대에 비해 높았으며, 30대(42.5%), 40대(21.1%),

50대(20.5%) 순으로 나타났다.

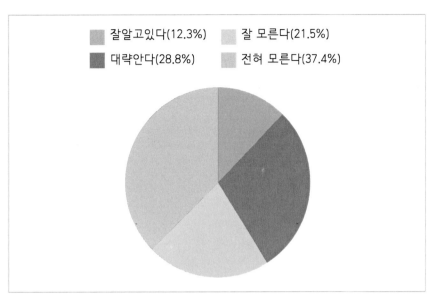

잘알고있다(12.3%)   잘 모른다(21.5%)
대략안다(28.8%)   전혀 모른다(37.4%)

[그림 24. 생리컵 인지도 조사]

▌ 생리컵 사용경험자(199명) 조사

생리컵 사용 경험자(199명)[21]를 대상으로 사용 시 경험을 조사한 결과에서는 '경제적 부담감소' 87.4%, '환경보호' 85.9%, '피부알레르기 예방' 85.4% 등 항목에서 긍정적으로 평가됐다.

생리컵 사용경험자 응답으로 생리컵을 주요 생리용품으로 이용(73.9%), 다른 생리용품의 보조제품으로 이용(12.1%), 경험상 이용(13.1%)으로 나타났다.

생리컵 주 사용자는 10-20대의 젊은 층(60.8%)이다. 10-20대의 젊은 층은 주요 생리용품으로 이용하는 한편 40대 이상의 연령층은 경험 삼아 이용한 경우가 상대적으로 높은 비율 차지했다.

생리컵 구입경로는 해외 사이트(41.7%), 온라인 사이트(40.7%), 해외에서 직접 구매(11.6%), 기타(6%)로 나타났다.

---

21) 생리컵 사용 경험자 : 무작위 표본(1,028명) 중 46명 + 정확한 조사를 위해 추가 모집한 생리컵 사용자153명 = 199명

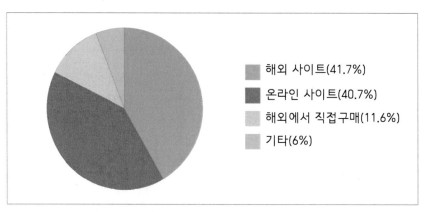

해외 사이트(41.7%)
온라인 사이트(40.7%)
해외에서 직접구매(11.6%)
기타(6%)

[그림 25. 생리컵 구입경로]

■ 생리컵 비사용경험자(982명) 조사

생리컵 비경험자 중 생리컵에 '호감이 있다'는 응답은 31.6%, '호감이 없다'는 응답은 68.4%로 조사되었다.

생리컵 사용에 대한 비호감 이유는 '체내 삽입에 대한 거부감'(79.2%)이나 '세척·소독 등 위생관리 문제'(59.4%), '사용방법 등 어려움'(57.3%) 등이다.

나. 팬티 라이너 시장분석

팬티 라이너는 2015년 이후 5년간 30% 성장세를 보이는 제품이다. 본래 생리 전후 사용되는 개념으로 시작했으나 그 통념을 깨고, 데일리 아이템으로 팬티 라이너 사용이 늘고 있음이 확인되었다. 또한 글로벌 리서치 회사 칸타월드 패널이 '불황기에도 성장할 소비재'로 꼽은 제품이다. 여름철인 7,8월에 가장 큰 매출을 기록하고 있다.

또한, 최근 유해성 화학 성분에 대한 소비자들의 불안감이 높아지면서, 친환경 제품을 찾는 소비자들이 늘어나고 있다. 특히 안전에 민감한 위생용품의 경우 친환경 제품이 아니면 시장에서 외면을 받고 있다. 이에 기업들도 안심하고 사용할 수 있는 친환경 상품을 잇따라 시장에 내놓고 있다.

■ 유한킴벌리의 소비자 설문조사

유한킴벌리는 전망이 밝은 팬티 라이너 시장을 더욱 활성화하고 팬티 라이너를 일상적으로 사용하는 여성들의 관심을 더욱 정확히 파악하고자 '나에게 팬티 라이너가 가장 필요한 순간은?'을 주제로 모바일 설문 조사를 시행했다.

총 4126명의 여성이 참여한 이번 조사에서 37%의 응답자들이 평상시 일상생활에서 '여성 분비물 냄새가 신경 쓰일 때'를 팬티 라이너가 필요한 순간 1위로 꼽았으며, '여행 짐을 줄이고 싶을 때'(18%), '아끼는 속옷을 깨끗하게 사용하고 싶을 때(13%)'가 그 뒤를 이었다.

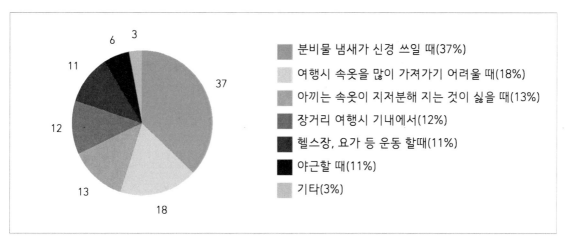

분비물 냄새가 신경 쓰일 때(37%)
여행시 속옷을 많이 가져가기 어려울 때(18%)
아끼는 속옷이 지저분해 지는 것이 싫을 때(13%)
장거리 여행시 기내에서(12%)
헬스장, 요가 등 운동 할때(11%)
야근할 때(11%)
기타(3%)

[그림 26. 유한킴벌리 팬티 라이너 모바일설문조사]

이 같은 결과는 주로 생리 전후 등 특정 기간에만 팬티 라이너를 사용한다는 통념을 뒤집은 것으로, 일상에서 상쾌함을 유지하거나 여성 건강관리 등 '데일리 아이템'으로 팬티 라이너의 사용 패턴이 이동하고 있음을 시사하고 있다.

또한 장시간의 비행기 탑승 시, 바캉스 나들이 시 등 외부 활동이 많아지는 상황에서 청결함을 유지하기 위해 팬티 라이너를 찾는 경우도 많은 것으로 밝혀져, 팬티 라이너 시장의 꾸준한 성장은 소비자들의 라이프스타일이 반영되었음을 알 수 있다.[22]

다. 여성 청결제 시장분석[23]

세계적으로 여성 70%가 세균성 질염 발병 경험을 보유하고 있으며, 미국의 경우 시장 규모가 1억 4,000만 달러로 조사된다. 주요 7개국 질염 치료제 시장은 20억 달러로 전망된다. 이미 해외에서는 여성 청결제 시장이 활성화되고 있다.

국내에서는 보수적인 성(性) 인식이 달라지고 건강에 대한 관심이 커지면서 크게 주목받지 못했던 여성 청결제 시장이 빠르게 성장하고 있다. 관련 업체에서도 다양한

---

22) 팬티라이너, 데일리 여성 위생 필수템으로 자리잡아, 조선비즈닷컴, 2015.7.31
23) "부끄러워 숨기는 건 옛말" 여성청결제 시장 급성장, 서울신문, 2017.4.2

형태의 신제품을 출시하면서 시장에 뛰어들고 있다.

글로벌 리서치 전문기관인 '테크나비오'에 따르면 2017년 기준 약 300억 원 규모로 추산되는 국내 여성 청결제 시장은 2020년까지 연평균 4% 이상 성장할 것으로 전망된다. 헬스앤뷰티(H&B) 전문점 '올리브영'에 따르면 2017년 1월 1일부터 3월 16일까지 여성 청결제 제품군의 누적 매출이 전년 같은 기간 대비 49% 상승했다.

또한 2010년에 '화장품 시행규칙' 개정으로 '외음부 세정제'가 인체 세정용 제품류(화장품)의 세부유형으로 추가됨으로써 국내 생산 규모 연평균 12.43%의 성장률로 꾸준히 늘어나고 있는 추세이다. 이로써 시장 진입 장벽이 낮아지면서 제약 업체부터 화장품 업체들까지 잇따라 시장에 진출하고 있다.

대한화장품협회에 따르면 국내 인체 세정용 제품류 생산규모는 2018년 13,481억 원에서 연평균 33.1% 성장하여 2019년에는 15,786억 원으로 나타났다. 인체세정용 제품류가 1조5,786억원(점유율 9.7%)으로 1조원이 넘는 생산실적을 기록한 것이다. 이는 2020년 이후에도 성장추이를 보이고 있다.

2019년 화장품 유형별 생산 실적

(단위 : 억 원)

구분	유형	'18년		'19년	
		생산금액	점유율	생산금액	점유율
	총 계	155,028	100%	162,633	100%
1	기초화장용 제품류	93,704	60.44%	98,123	60.33%
2	색조 화장용 제품류	23,958	15.45%	21,338	13.12%
3	두발용 제품류	15,817	10.20%	18,800	11.56%
4	인체세정용 제품류	13,481	8.70%	15,786	9.71%
5	눈 화장용 제품류	2,857	1.84%	2,950	1.81%
6	두발 염색용 제품류	2,583	1.67%	2,929	1.80%
7	면도용 제품류	1,213	0.78%	1,282	0.79%
8	영·유아용 제품류	568	0.37%	497	0.31%
9	방향용 제품류	377	0.24%	465	0.29%
10	손발톱용 제품류	341	0.22%	323	0.20%
11	목욕용 제품류	90	0.06%	100	0.06%
12	체모 제거용 제품류	16	0.01%	24	0.01%
13	체취 방지용 제품류	24	0.02%	16	0.01%

[그림 26. 국내 화장품 생산실적 현황]

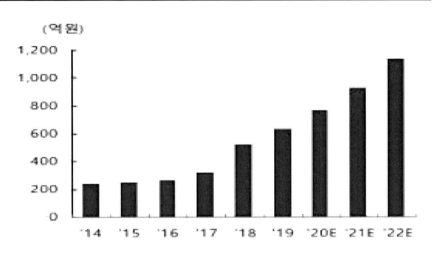

[그림 27. 국내 여성청결제 생산규모 추이, 전망]

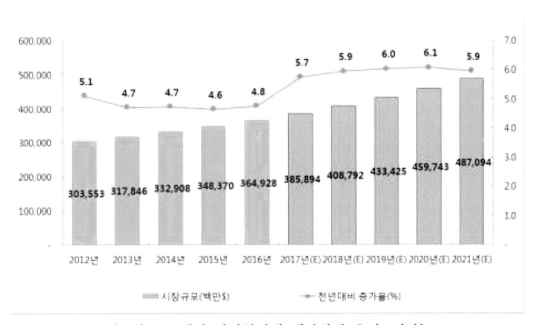

[그림 28. 해외 여성청결제 생산실적 추이, 전망]

Euromonitor International에 따르면 세계 여성청결제 시장규모는 2016년에는 2,017백만 달러를 기록하였고, 2012년 이후 연평균 5.1%씩 성장한 것으로 나타난다. 향후에도 이와 같은 성장률이 이어질 것으로 전망되므로 동 성장률르을 적용해 볼 때 2025년에는 3.156백만 달러에 이를 것으로 전망된다.

[세계 여성청결제 시장 전망]

(단위: 백만달러)

구분	2017년	2018년	2019년	2020년	2021년	2022년	2023년	2024년	2025년	CAGR ('17~'25)
시장규모	2,120	2,228	2,342	2,461	2,587	2,718	2,857	3,003	3,156	5.1%

출처: 2016년 시장규모(Euromonitor International, 2018(Mar))에 연평균성장률 5.1% 적용 추정

여성청결제 시장은 ① 질염 발생 빈도 증가, ② 여성청결제에 대한 소비자 인식 증가, ③ 다양한 형태의 제품 출시로 생필품화, ④ 여성청결제의 화장품으로 편입 등이 기회 요인으로 작용할 것으로 보인다.

반면, ① 선진 업체의 브랜드 인지도 및 높은 시장점유율, ② 안전에 대한 이슈 증가, ③ 지속적 사용 비중이 낮은 점, ④ 경쟁 심화 등이 위협요소로 작용할 것으로 전망된다.

건강보험심사평가원의 '2013 여성 질염 통계자료'에 따르면, 20대 여성은 약 42만 명, 30대는 약 59만 명, 40대는 약 45만 명이 질염으로 병원을 찾고 있을 만큼 질염은 이제 여성들이 흔히 겪는 질환이다. 하지만 아직까지 대부분의 여성들은 증상이 나타나도 혼자 고민하거나 대수롭지 않게 방치하는 경우가 많다. 이처럼 여성들이 흔히 겪는 증상이나 질환을 예방하기 위해서는 여성청결제가 필수적으로 필요하므로 수요는 꾸준히 증가할 것으로 전망된다.

여성청결제 시장은 여성청결제를 사용해 Y존을 깨끗이 관리하는 인식이 커지고 있고, 다양한 형태의 여성청결제 출시로 여성청결제가 여성의 필수품으로 자리 잡아가면서 수요가 크게 증가하고 있으나, 한편으로는 모델, 제품, 콘셉트 등의 차별화가 요구되고 있다.

■ 업계 분석

올리브영에 따르면 2014년 가장 많이 판매된 여성청결제 제품은 '유리아쥬 진피리프레싱젤'이다. 이어 '썸머스이브 페미닌워시', '사포렐 젠틀클렌징케어', '사포렐 울트라마일드 클렌징', '해피바스 여성청결제' 가 순위를 차지했다.

[그림 30. 여성청결제 진피 리프레싱젤]

유리아쥬의 여성청결제 '진피리프레싱젤'은 비교적 높은 가격에도 불구하고 브랜드 신뢰도 와 제품력을 바탕으로 소비자들에게 대표 제품으로 알려져 있다. 이 제품은 지난 2010년 출시 후 Drug Store 시장에서 여성청결제 판매 1위를 고수하고 있다. 이 제품은 유리아쥬 특허 성분인 '글리코-진 콤플렉스(GLYCO-GYN COMPLEX)'가 함유돼 여성점막피부의 건조감 없는 부드러운 세정, 당질유도체에 의한 유익균 밸런스유지의 효능이 있는 것으로 알려져 있다.

[그림 31. 여성청결제 썸머스이브]

'썸머스이브(Summer's eve)'는 미국 판매 1위 여성청결제 브랜드로 여성청결전문 제약회사 C.B.Fleet사에서 만들어 전 세계 50여 개국에 판매하고 있으며, 국내에 2014년 4월 재론칭되었다.

썸머스 이브 제품은 총 4종으로 '페미닌워시-노멀스킨', '페미닌워시-센서티브스킨', '페미닌 클렌징 와입스', '페미닌 클렌징 미스트'가 있다. '페미닌워시-노멀스킨'과 '페미닌워시-센서티브스킨'은 코코넛과 해바라기오일에서 추출한 마일드한 수용성 진정제를 함유해 피부를 청결하고 촉촉하게 가꿔주며 자극적이지 않아 매일 사용 가능한 제품이다. 또 약산성의 솝프리(soap-free) 제품으로 여성 고유의 pH 밸런스를 해치지 않으면서 외음부를 맑고 청결하게 해 청정함을 유지해주는 효능이 있는 것으로 알려져 있다. '페미닌 클렌징 와입스'는 일회용 포켓타입의 포장으로 완전 밀봉돼 사용 직전까지 멸균상태가 유지되며 휴대가 용이한 특징을 가지고 있다. '페미닌 클렌징 미스트'는 여행용으로도 용이한 작은 용기의 디자인으로 질 외부에 뿌리고 화장지로 닦아주는 사용 방법으로 외출 시 편하게 클렌징 할 수 있음을 강점으로 내세우고 있다.

[그림 32. 여성청결제 사포렐]

'사포렐(Saforelle)'은 1989년 프랑스에서 여성의 민감한 부위에 보다 효과적이고 자극 없는 여성청결제를 만들고자 하는 의사와 피토테라피 전문약사들에 의해 창립되었으며, 지금은 유럽을 포함한 전 세계 60여 개국에서 여성청결제 및 베이비케어 브랜드로 인정받고 있다.

사포렐 젠틀 클렌징 케어는 우엉 추출물 특허를 통한 우엉성분을 기반으로 SOAP FREE, 무파라벤, 무페녹시에탄올, 무인공색소로 4세 이상부터 사용할 수 있을 만큼 순한 것이 특징이다.

[그림 33. 여성청결제 질경이]

여성청결제 판매가 이같이 성장함에 따라 뷰티 업체들은 잇달아 다양한 제형의 신제품을 선보이고 있다. 그중에서 하우동천의 질경이는 현재 국내 여성청결제 1위로 우뚝 올라설 만큼 성장을 하였다.

하우동천은 4년간의 임상실험결과 끝에, 2010년 질경이를 출시하고 소비자들에게 안정성을 입증 받아 각종 홈쇼핑에서 큰 성과를 올리기도 했다. 이렇게 꾸준한 판매율로 약 6년여 만에 매출 113억을 달성했다.

■ 여성청결제 Top 10

1	아로마티카	퓨어 앤 소프트 여성 청결제
2	질경이	여성 청결제
3	비오텀	인팀 워시 폼 여성청결제 Nr 25
4	마녀공장	페미닌 폼
5	썸머스이브	페미닌 워시 모이스처 플러스
6	프리메라	후리 앤 후리
7	이니스프리	국화 여성 청결제
8	포블랑시	여성 청결제
9	질경이	데일리 에코아 워시 젤[퓨어]
10	누리숲	포레스트 녹삼초 여성 청결제

[그림 34. 2019년 화해 어플 유저들이 뽑은 여성청결제 순위]

1위에 오른 아로마티카의 '퓨어 앤 소프트 여성 청결제'는 유해성분이 없고 자극적이지 않아 인기를 얻은 것으로 보인다. 이 제품은 알로에베라 잎 추출물이 첨가되어 진정 보습 효과도 볼 수 있기 때문에 추천한다는 리뷰가 많았다.

2위는 질경이의 '여성 청결제'가 차지했다. 알약 제형을 물에 희석해 사용한다는 것이 위생적이라는 것이 다른 제품들과의 차별점으로 꼽혔다.

3위는 비오텀 '인팀 워시 폼 여성청결제 Nr 25'가 올랐다. 한 유저는 어린 아이도 사용할 수 있을만큼 저자극이라는 점과 한 번의 펌핑으로도 충분히 사용할 수 있는 양이라 제품을 오랜 기간 사용할 수 있다는 점에서 만족했다고 전했다.

마녀공장의 페미닌 폼은 은은한 꽃향기가 장점이라는 리뷰가 많았다. 썸머스이브의 페미닌 워시 모이스처 플러스는 사용한 후에 산뜻하고 은은한 향이 나 사용감이 우수하다는 이들이 많았다. 프리메라의 후리 앤 후리는 물 제형 제품으로 거품이나 가루 제형이 부담스러운 이들이 많이 찾아 순위에 올랐다. 이니스프리의 국화 여성 청결제는 사용 후 시간이 지나도 제품의 향과 체향이 섞이지 않아 역한 냄새가 나지 않는 것을 장점으로 꼽았다. 포블랑시의 여성 청결제는 한방 성분으로 인한 한방향과 시원한 사용감이 장점이다. 2위에도 이름을 올린 질경이의 데일리 에코아 워시 젤[퓨어]는

사용 후 남는 산뜻함으로 많은 이들의 선택을 받아 9위에 이름을 올렸다.[24]

'2020 한국소비자만족지수 1위' 고객만족브랜드(여성청결제) 부문에서는 엠마녹스가 수상했다. 엠마녹스는 여성용품·청결제 브랜드로 '여성의 사랑스럽고 편안한 밤을 위해'라는 슬로건을 걸고 운영하고 있으며 매년 트렌드에 맞춰 여성 Y존 케어의 제품과 정보를 전달하고, 단계별 CS 서비스를 통해 고객 중심 서비스를 제공하고 있다.

주력 제품인 퓨어 클렌저는 여성 청결제 제품으로, ph 3.5~5.5의 약산성으로 피부 저자극 인증을 받았고, 라벤더 오일을 사용해 은은한 라벤더 향이 생리 전, 후 냄새는 물론 몸과 마음을 안정시켜 준다. 또한 엠마녹스는 여성의 시크릿 존이라 불리는 Y존 건강의 중요성을 알려주면서 Y존 케어 제품의 선택 기준을 제시하고 있다.[25]

[그림 35. 엠마녹스 퓨어클렌저]

24) 2월 둘째 주 여성청결제 랭킹/주간코스메틱, 최지유
25) [2020 한국소비자만족지수 1위] 여성용품·청결제 브랜드, 엠마녹스/ 한경business

VI. 여성위생용품 세계 시장 분석

6. 여성위생용품 세계 시장 분석

가. 세계 여성위생용품 시장 현황 및 전망

세계 주요국(15개국)의 여성 개인위생용품의 시장규모를 살펴보면 18,390백만 달러에서 연평균 7.7%로 성장하여 2018년에는 25,490백만 달러로 추정된다. 특히 중국 11.0%, 브라질 12.8%, 인도 26.0% 의 수치로 신흥 개발국의 연평균 성장률이 두드러진다.

[표 7. 세계 주요국(15개국) 여성위생용품 시장규모]

구분	2016	2017	2018	2019	2020	CAGR 2016 ~2020
중국	10,384.7	11,347.7	12,407.2	13,772	15,286.9	11.0%
미국	4,164.4	4,278.3	4,393.5	4,526	4,661.7	3.0%
브라질	1,328.6	1,472.9	1,640.3	1,849.9	2,086.8	12.8%
독일	949.6	979.8	1,011.4	1,043.3	1,076.3	3.2%
러시아	831.0	878.3	929.0	984.7	1,044.1	6.1%
이태리	743.5	768.4	794.9	822.5	852.1	3.6%
일본	701.1	738.2	779.2	821.8	867.2	5.5%
프랑스	689.9	715.4	742.0	770.2	799.2	3.8%
스페인	695.8	711.8	728.7	744.7	762.1	2.3%
영국	658.3	685.3	714.2	746.1	779.5	4.5%
인도	407.8	482.3	572.7	721.9	909.7	26.0%
인도네시아	394.0	423.7	456.1	495.2	537.6	8.6%
멕시코	293.5	306.9	321.4	336.7	353.8	4.9%
계	22,242.2	23,789.0	25,490.6	27,635	30,017	7.7%

(단위: 백만달러, %) 자료:Datamonitor Personnal Care Market Data

미국 오리건주 포틀랜드에 소재한 시장조사기관 얼라이드 마켓 리서치社(Allied Market Research)는 2015년도에 공개한 '2015~2022년 글로벌 여성 위생용품 마켓 기회 및 전망' 보고서를 통해 여성위생용품 분야의 전망을 분석했다.

생리대와 탐폰, 팬티 라이너, 청결제(internal cleansers), 일회용 면도기 및 면도날 등으로 구성되어 있는 여성 위생용품 분야의 글로벌 마켓이 누수 없이 팽창세를 지속할 수 있을 것이라는 전망이 나왔다. 2016~2022년에 이르는 기간 동안 연평균 6.1% 의 성장세를 지속해 오는 2022년에 이르면 총 427억 달러 규모를 형성할 수 있을 것이라 사료된다는 것이다.

보고서에 따르면 지난해의 경우 글로벌 마켓에서 가장 높은 마켓셰어를 점유한 곳은 아시아·태평양 지역이었던 것으로 나타났다. 중국과 일본 등에서 소비자들의 생리대 수요가 높아지면서 글로벌 마켓의 48.9%를 점유했던 것으로 집계되었을 정도라는 것.

제품유형별로 보면 생리대가 오는 2022년까지 전체 시장에서 3분의 2에 육박하는 몫을 과점하고 있는 현재의 추세가 이어질 것으로 예측됐다. 반면 성장률 측면에서 볼 때는 청결제 분야가 가장 발빠른 성장세를 과시할 수 있을 것으로 예상됐다. 뒤이어 고급 여성 위생용품 수요가 늘어나고 있는 추세에 힘입어 탐폰과 팬티 라이너가 각각 2위 및 3위 자리를 나눠 갖게 될 것으로 추정됐다.

보고서는 아시아·태평양 지역이 지난해 전 세계 생리대 매출액의 60% 가량을 점유했을 정도여서 오는 2022년까지도 여성 위생용품 마켓에서 맨 앞자리를 고수할 수 있을 것이라 단언했다. 이와 함께 유럽과 북미가 고급 탐폰, 팬티 라이너 및 청결제 수요자층의 확고한 분포에 힘입어 '빅 3'의 또 다른 한축들을 형성할 수 있을 것으로 관측했다.

하지만 오는 2022년까지 여성 위생용품 시장이 가장 발 빠르게 성장할 곳으로 보고서는 연평균 7.5%의 성장률이 가능할 것으로 보이는 중남미·중동 및 아프리카 지역(LAMEA)을 꼽는 데 주저하지 않았다. 근로여성 수가 갈수록 급증하고 있는 현실에 비례해서 탐폰 및 팬티 라이너를 찾는 수요 또한 동반상승하고 있기 때문이라는 것이 보고서가 언급한 이유이다.

유통채널별로 볼 때 여성 위생용품은 주로 우리나라의 대형마트에 해당하는 개념인 슈퍼마켓 및 하이퍼마켓, 전문점, 편의점 및 할인점(dollar stores) 등의 소매 유통채널을 통해 주로 공급이 이루어지고 있는 것으로 파악됐다.

보고서는 이들 가운데 슈퍼마켓 및 하이퍼마켓이 지난해 가장 큰 비중을 차지한 데 이어 오는 2022년까지도 현재의 위치를 유지할 수 있을 것으로 봤다. 그럼에도 불구, 인도와 중국을 비롯한 개발도상 국가들의 농촌지역 시장에서는 편의점이 역할이 부각되고 있다는 점을 짚고 넘어갔다.

마찬가지로 아직은 전체 시장에서 점유하는 몫이 상대적으로 미미한 온라인 유통채널이 전자상거래의 활성화를 배경삼아 수면위로 본격 부상할 수 있을 것이라고 보고서는 지적했다.

나. 성장하는 생리대 시장 국가분석

1) 중국 생리대 시장[26]

▌ 여성 국한제품 생리대, 안정적인 성장세

중국제지협회의 통계에 따르면, 대표적인 여성용 위생용품인 생리대 시장은 최근 몇년간 안정적인 성장세를 보이고 있다. 생리대의 사용 성별은 여성에 국한돼 있으나, 일정 주기에 따라 지속적인 소비가 이루어지므로 소비 수요가 매우 높은 편이다.

또한, 최근 여성들의 월경 시작 나이는 11~12세이며, 폐경 시간은 50~60세 정도로 기존 평균에 비해 월경이 일찍 시작되고 늦게 끝나 그 수요는 지속적으로 증가할 전망이다.

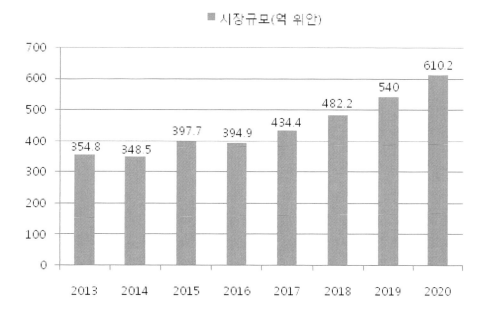

[그림 36.중국 국내 생리대 소매시장규모]

2013~2018년 중국 생리대(팬티라이너포함)시장 규모는 354억 8천만 위안에서 482억 2천만 위안까지 성장하였으며, 2018년 전세계 생리대시장 규모의 약 25%를 차지했다. 또한, 2020년의 시장규모는 610억 2천만 위안에 달했으며 향후 더 성장할 것으로 전망된다.
주요 브랜드로는 쏘피(苏菲), 안얼러(安尔乐), 수얼메이(舒而美) 등 현지 브랜드가 강세를 보이고 있다.

---

26) 중국 생리대시장, 지속적인 성장세 보여, Kotra 해외시장뉴스, 2016.4.14

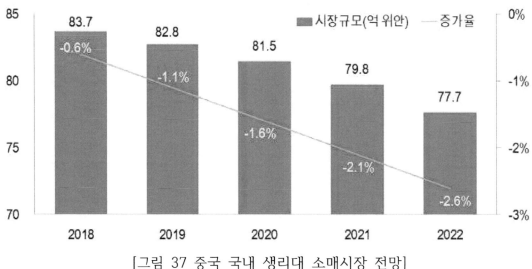

[그림 37 중국 국내 생리대 소매시장 전망]

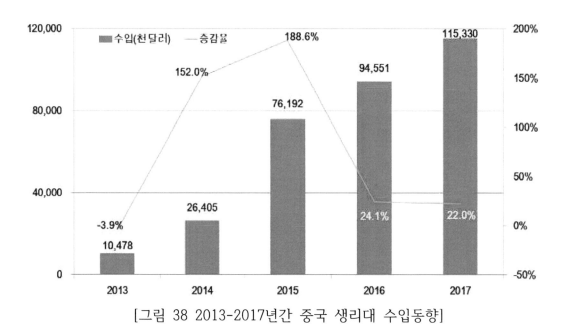

[그림 38 2013-2017년간 중국 생리대 수입동향]

'17년 중국 생리대 수입액은 전년대비 22% 증가하며 1억 달러를 돌파했다. 중국 생리대수입은 '14~'15년 150% 이상의 폭증세를 보이다가 최근 20%대의 증가율로 안정적 성장 유지 중이다.

중국 생리대 상위 3대 수입대국국의 시장점유율은 총 72.6%, 시장집중도가 높은 편이다. 최대 수입대상국은 일본, 중국 수입시장에서 40%의 비중 차지한다. 한국은 중국 생리대 수입시장에서 17.8%의 비중으로 2위에 랭킹이다.

Rank	Partner Country	Thousands United States Dollars			% Share			% Change
		2015	2016	2017	2015	2016	2017	2017/2016
	World	76,192	94,551	115,330	100.0	100.0	100.0	22.0
1	Japan	37,646	36,529	46,613	49.4	38.6	40.4	27.6
2	Korea South	14,071	18,132	20,517	18.5	19.2	17.8	13.2
3	Canada	4,464	17,043	16,612	5.9	18.0	14.4	-2.5
4	Hungary	8	1,025	9,572	0.0	1.1	8.3	833.5
5	Germany	4,875	5,104	6,119	6.4	5.4	5.3	19.9
6	United States	1,747	4,602	4,391	2.3	4.9	3.8	-4.6
7	Slovenia	1,854	2,394	3,640	2.4	2.5	3.2	52.1
8	Czech Republic	1,402	1,789	1,597	1.8	1.9	1.4	-10.7
9	Taiwan	1,555	1,016	1,501	2.0	1.1	1.3	47.8
10	Italy	1,190	780	917	1.6	0.8	0.8	17.6

[그림 39 2015-2017 중국 생리대 수입동향]

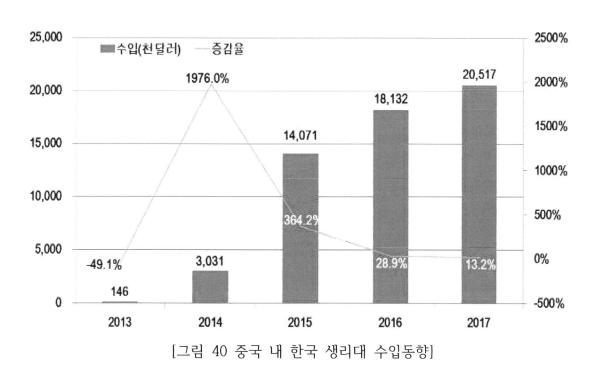

[그림 40 중국 내 한국 생리대 수입동향]

■ 생리대 시장의 새로운 판로, 농촌시장

 최근 중국 3, 4선 도시 및 농촌의 경제환경 개선과 그로 인한 거주민들의 소비수준 향상에 따라 농촌 소비자들은 제품 구매 시 '건강', '보건' 등에 주목하고 있다.

 중국 산업정보 컨설팅 센터인 보쓰데이터연구센터(博思数据研究中心)의 통계에 따르면, 2014년 3, 4선 도시 및 농촌의 생리대 시장규모는 222억 위안(미화 약 34억2000만 달러)에 달했으며, 이는 전국 매출의 39%를 차지한다.

 업계 관계자는 중국 농촌 생리대 시장규모는 안정적으로 성장해 2020년에 400억 위안(미화 약 61억5000만 달러)을 기록할 것으로 예상하고 있다.

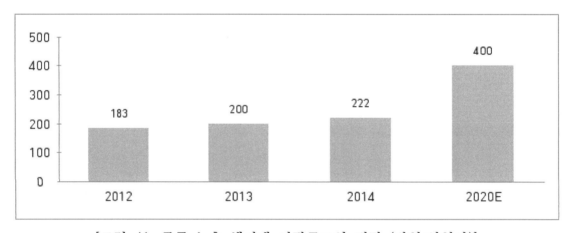

[그림 41. 중국 농촌 생리대 시장규모와 전망 (단위:억위안)]

■ 중국 생리대 브랜드 매출 Top 10

 최근 '위생' 개념을 강조하는 분위기로 변화한 소비 트렌드에 따라 '스페이스7(七度空间)', '에이비씨(ABC)', '레이디 케어(洁婷)' 등 '위생' 개념을 강조한 프리미엄 현지 제품이 10대 브랜드에 이름을 올렸다.

 또한, 이러한 프리미엄 전략을 통해 중국 10대 생리대 브랜드 중 현지 브랜드는 5개로 절반을 차지하고 있다. 그 외 대다수 브랜드는 일본, 미국 등 브랜드로 현지 브랜드 대비 비싼 편이지만 보장된 품질로 인해 10대 브랜드에 올랐다.

다음은 중국 생리대 브랜드 매출을 표로 정리한 것이다.

[표 7. 중국 생리대 브랜드 TOP10]

구분	국가	기업	브랜드	제품사진
1	중국	헝안(恒安)	Space7	
2	일본	Unichram	소피	
3	중국	징싱(景兴)	ABC	
4	미국	P&G	위스퍼	
5	중국	Geron(洁伶)	All in one	
6	미국	Kimberly-Clark	코텍스	

7	중국	바이야(百亚)	니쌍(妮爽)	
8	일본	카오	카오	
9	중국	스바오(丝宝)	ladycare(洁婷)	
10	중국	Beishute(倍舒特)	Beishute	
11	한국	엘지생활건강	귀애랑	
12	대만	shesaid(她说科技)	nonolady	

중국 생리대 브랜드인 헝안(恒安)은 중국내 생리대시장 점유율 1위를 차지하고 있으며 중국 생리대 시장은 Top4 브랜드 점유율이 과반을 넘는 과점시장으로 중국 로컬 브랜드인 헝안의 점유율이 27.4%로 가장 높다.

Space7(헝안, 시장점유율 1위)은 소비층에 따라 제품을 세분화하고 소비자 연령에 따라 청소년용 시리즈 제품과 사무직 여성용 우아함 시리즈 등을 출시하여 경쟁력을 높이고 있다.

중국 소비수준 향상에 따라 무첨가, 천연 등 고가 생리대 제품에 대한 수요가 증가하였으며 생리대 착용감에 대한 요구가 높아져, 두께가 얇은 슬림형 생리대제품이 많아지고 있어 그 중 0.1cm 두께의 생리대가 가장 많은 소비자에게 선택 받고 있다.

한약재 함유, 생리통 완화, 냄새제거 등 한방 생리대와 각종 기능성 생리대시장 규모가 커지고 있으며 CBN Data에 따르면 귀애랑 등 한방생리대 용품은 중국 29~35세의 여성들에게 환영받는 것으로 나타난다.

로컬기업인 헝안의 '안러(安乐)', '안얼러(安尔乐)', 'Space7(七度空间)'은 저가시장과 젊은 여성 소비자를 타깃으로 삼았으며, 징싱의 'ABC'는 중고가 시장을 공략하고, 'Free'는 가성비를 무기로 젊은 여성을 공략한다.

이에 P&G를 대표로 한 외국기업은 다 브랜드 발전전략을 취하는 중국기업과 달리, 단일브랜드 제품을 전문적으로 생산하며, 한 브랜드의 시리즈 형식으로 새 제품을 출시하고 있다.[27]

---

27) 中国造纸协会生活用纸专业委员会, 华创证券, 징동, 티몰, KITA 및 칭다오무역관 자료정리

■ 대륙이 사랑한 한국 생리대

대륙의 한국 생리대 수입규모는 폭발적으로 성장하고 있다. 최근 중국에서 연달아 발생한 식품과 각종 제품에 대한 위생 안전문제로 외국제품 수입이 증가 추세를 보이고 있다. 특히 한국 제품은 한류의 영향과 높은 가격 대비 품질로 중국 소비자들에게 대체적으로 높은 호응을 얻고 있다.

한국 생리대 수입규모는 2013년 기준 14만6000달러로 생리대 수입국 중 11위를 차지했으나, 비약적인 성장을 통해 2015년 수입규모는 1407만 달러로 2위를 차지했다.

최근 몇 년간 현지 생리대 제품에서 발암물질인 형광증백제가 검출되고 방사능 기준치를 초과하는 등 문제가 잇따라 발생함에 따라 외국 생리대 제품이 각광받고 있다. 그 중 가격 대비 높은 품질을 자랑하는 일본, 미국 등 브랜드가 인기를 끌고 있으며, 그에 비해 품질 및 기능 면에서 떨어지지 않는 한국 브랜드도 소비자들에게 주목받고 있다.

이미 현지 시장에서 입지를 굳힌 한국 브랜드로 '귀애랑'이 있다. 최근 한국 여성·생활용품 전문기업 타오사(社)는 웅진생활용품 중국 지사와 협력해 일본, 독일 등의 고급 기술을 적용한 프리미엄 생리대 '사랑한다면(棉)'을 중국 시장에서 판매하기 시작했다.

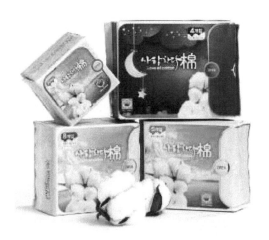

[그림 54. 중국 수출용 생리대
사랑한다면(棉)]

2) 베트남 생리대 시장[28]

▌ 안정적으로 성장하는 베트남 여성 위생용품시장

베트남 여성용 위생용품 시장, 잠재 소비자는 약 2600만 명 전후로 분석된다. 2020년 기준 9621만 명의 베트남 인구 중 여성의 비율은 약 50%인 4833만 명, 이 중 월경 가능 연령에 속한 만 15~49세 사이의 여성 인구는 약 2417만 명이다.[29] 참고로, Euromonitor는 2030년까지 베트남의 인구가 공식적으로 1억 명에 달할 것이라고 추산한 바 있다.

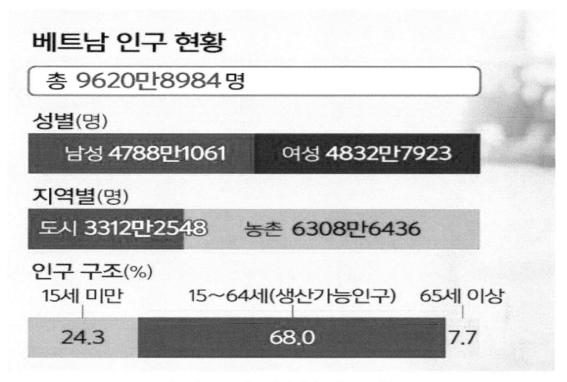

[그림 55. 베트남여성인구(2020년)]

베트남인들의 소득 증대에 따라 여성 위생용품 시장도 꾸준히 규모 확장되고 있다. 여성 위생용품은 특정 연령대의 여성에게 생활필수품이므로, 여성 인구에 따라 수요량이 안정적으로 정해진 시장이다. 따라서 이처럼 베트남의 여성 위생용품 시장 규모가 꾸준한 성장세를 보이는 것은 베트남인들의 소득 수준 향상에 따라 여유로워진 소비 패턴, 인플레이션에 따른 여성용품 가격 인상이 주요 원인으로 분석된다.

베트남 내 주요 여성 위생용품은 일회용 생리대인 것으로 분석됐다. DI Marketing과 Euromonitor의 조사 결과에 따르면, 90% 이상의 베트남 여성들은 면 생리대나

---

28) 베트남 생리대 시장에 기회 있을까?, Kotra 해외시장뉴스, 2017.1.17
29) 자료원: IHS Economics, Euromonitor

탐폰 등의 여성 위생용품보다 일회용 생리대를 선호하는 것으로 나타났다. 선진국형 상품으로 분류되는 면 생리대와 기타 여성 위생용품들은 베트남에서 수요가 아주 미약해, 대도시 내 일부 드럭스토어 및 대형 마트에서나 드물게 찾을 수 있다.

한 해 동안 만 12~54세의 베트남 여성 1인이 사용하는 생리대의 개수는 평균 133개로, 서유럽(253개)과 북미(242개)에 비해 소비량이 적었다. 이는 아직 베트남의 경제수준과 위생관념이 이들 지역에 비해 개선할 여지가 많고, 베트남 여성용품에 대한 소비자 의식이 상대적으로 미성숙하기 때문이다. 그러나 베트남은 대도시를 중심으로 발전이 빠르게 진행되고 있고, 해당 시장에 일정 수 이상의 고정 소비자가 확보돼 있으므로, 1인당 생리대 소비량은 시간이 지남에 따라 점차 증가할 것으로 전망된다.

생리대의 시장 성장률이 잠시 주춤한 것과는 달리, 팬티라이너의 시장 규모는 전년 대비 12% 확대되었다.[30] Euromonitor는 팬티라이너 시장이 크게 성장한 이유가, 팬티라이너의 가격이 생리대보다 저렴해 생리기간 중 양이 적을 때 생리대 대신 사용하거나, 바빠진 일상으로 외출시간이 늘어난 현지 여성들이 청결을 위해 택하는 경우가 증가했기 때문이라고 분석했다. 베트남에서 유통되는 팬티라이너의 크기는 한국의 것보다 작은 크기이다.

■ 저질 생리대 유통으로 베트남 경계심↑

저질 생리대 유통으로 베트남 여성들의 경계심 높아진 것으로 분석됐다. 2016년은 베트남 정부 지정 식품 안전의 해로, 국내에서 유통되는 상품들의 안전성과 품질에 관련한 언론 보도가 많았는데, 여러 식품 안전 스캔들과 더불어 출처가 불분명한(중국산 추정) 저질 생리대 유통이 적발돼 여론이 뜨거웠다.

베트남 국가 방송국(VTV)의 보도에 따르면, 저품질의 생리대는 주로 대도시를 제외한 지방에서 널리 유통되고 있으며, 한 제품(여러 개입)의 원가는 0.05달러 정도임. 아울러 지방에서는 아직 현대 소매유통 채널보단 시장이나 소규모 개인 상점들이 활성화돼 있어 농촌지역에서 검증 안 된 저질 상품들이 더 쉽게 유통되는 것으로 보인다. 참고로, 베트남의 농촌 인구 비율은 66.4%이며, 중국산 저질 상품들은 중국과 베트남의 국경이 맞닿은 북부지역을 통해 육로로 밀수되고 있다.

---

30) 자료원: Euromonitor

▌중국에서 한류 바람 일으킨 '한방 생리대', 왜 베트남에서는 안 통했을까?

베트남에서는 여성의 건강에 좋다는 수입산 한방 생리대보다, 기본적인 품질이 보증된 '저렴한' 생리대가 인기가 있다. 보고서에서 앞서 묘사된 베트남 여성 위생용품 시장의 배경과 소비 변화는, 최근 현지 소비자들이 건강에 유익하고 품질이 보장된 상품에 점차 많은 관심을 보이고 있음을 시사한다.

그러나, 여성들의 생필품인 여성 위생용품은 과시의 여지없이 개인이 은밀히 사용하는 것일 뿐더러, 베트남에선 전반적으로 여성 위생용품과 건강 사이의 상관관계를 깊이 이해하고 있는 이들이 아직 많지 않다. 따라서 베트남 시장에서는 부수적인 기능은 차치하고 '기본 기능(흡수력)에 충실하되, 저렴한 가격'을 유지하는 여성 위생용품 브랜드들이 더 많은 소비자들에게 사랑을 받는 것으로 분석된다.

일례로, 한국 한방 생리대 제품은 소비자 단가가 조금 높더라도 건강에 유익하고 고급 품질이라는 것이 상품의 강점으로 부각돼, 중국 여성 소비자들의 관심을 이끄는데 성공했다. 최근 1~2년 사이, 베트남에서도 한국 기업의 한방 생리대 제품이 Aeonciti Mart와 같은 현지 유명 마트에서 유통되고 있으나, 베트남 소비자들의 반응은 중국에 비해 매우 미약해 보인다. Euromonitor는 베트남 여성 위생용품 시장에 관련한 2015년도 보고서를 통해, 한국 및 대만 기업들의 한방(약초) 생리대가 현지 시장에서 판매되고 있지만 가격이 상대적으로 높아 판매가 저조하다고 지목한 바 있다.

▌국내 생리대기업 베트남 시장 성공 전략

베트남에 진출하고자 하는 우리나라 생리대 기업들은 포장단위 낮춰 인하된 가격으로 소비자들의 접근 기회를 높여야할 것이다. 여성 위생용품과 관련한 우리나라 기업들의 베트남 진출을 저해하는 요인 중 하나는 가격이다. 베트남 여성 위생용품을 대표하는 생리대는 외국계 기업들이 이미 시장을 선점했으며, 이들의 가격은 한국의 1/3가량에 형성돼 있다.

베트남 진출을 희망하는 우리나라 생리대 제조 기업들은 포장단위와 함께 소비자가를 인하한 수출용 상품으로 타 상품들과 가격 편차를 줄이는 것도 한 가지 전략이 될 수 있다. 현재 우리나라에서 보편적으로 판매되는 생리대 상품들은 1팩 당 10~18개입이고, 베트남으로 수출된 상품도 마찬가지이다. 반면, 베트남은 8~10개입의 상품들이 인기 있다. 일반 생리대보다 가격이 높은 오버나이트형 생리대의 경우, 베트남에서 판매되는 상품들은 3~4개입이 일반적이다. (한국은 10개입)

위와 같은 맥락으로, 우리나라 기업들은 Laurier(일본, Kao Corporation)의 사업 전략을 참고할 만하다. 이 기업은 베트남 생리대 시장에서 1, 2위를 다투는 Kotex와 Diana에 비해 가격대도 높고 시장 점유율도 상대적으로 낮지만, 대도시를 위주로 탄탄한 소비자층을 보유하고 있다. 당사는 생리대의 기본 기능인 흡수력과 얇은 두께로 인지도를 쌓았으며, 동일한 브랜드 상품에 크기, 가격, 포장 개입을 달리 적용해 상품의 범주를 넓히고 소비자의 접근성을 높였다.

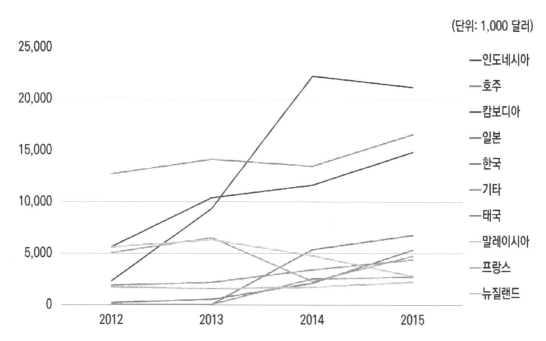

[그림 56. 2012-2015년 여성 위생용품에 관련한 베트남의 상위 10개 수출국(HS Code 9619)]

더불어 베트남 내 OEM이나 생산시설 투자로, 현지 내수시장 외에도 베트남을 거점 삼아 ASEAN을 비롯한 베트남의 무역협정국가로 역수출하는 방법도 고려할 수 있다.

베트남의 생리대 관련 용품(HS Code 9619)의 수입은 매년 감소하는 반면, 수출은 증가세이다. (참고로 이 HS Code에 대한 우리나라의 대베트남 수출은 증가세). 이는 베트남 내 외국기업들의 여성 위생용품 생산 공장 투자가 늘어 내수 공급이 증대됐고, 최근 베트남의 다양한 무역협정 체결 효과로 역내 수출이 활성화됐기 때문으로 분석된다. 생리대 관련 물품(HS Code 9619)의 수출은 2012년 5458만 달러에서 2015년 9832만 달러로 증가했다.[31]

---

31) 자료원: ITC, International Trade Center

3) 미국 생리대 시장[32]

시장조사기관인 유로모니터에 따르면 2019년 미국 생리대 시장규모는 31억8180만 달러로 지난 5년간 4.4% 성장해왔다. 미국 생리대 시장은 15~49세 여성 인구의 더딘 성장과 가임기 여성의 높은 피임률로 성장률이 정체되는 현상을 보이기도 했다. National Survey Family Growth가 지난 2015~2017년에 15~49세 여성을 대상으로 조사한 결과 전체의 65%가 피임을 하고 있으며, 가장 보편적인 피임방법은 경구 피임약 복용임이 조사되었다.

하지만 Z세대가 생리대 구입을 시작했으며, 여성용 위생용품의 주요 소비층인 밀레니엄 세대가 미국 여성 인구의 20% 이상을 차지하고 있다는 점은 시장에 긍정적 요인으로 작용한다. 이에 미국 생리대 시장은 오는 2024년까지 32억2170만 달러까지 성장할 전망이다.

미국 생리대 시장 규모 및 전망

(단위: 백만 달러)

구분	2019	2020	2021	2022	2023	2024
팬티라이너	458.7	469.2	477.9	482.9	493.8	502.5
탐폰	1,157.0	1,147.7	1,150.2	1,148.4	1,147.7	1,145.0
패드타입	1,566.1	1,587.7	1,607.6	1,628.1	1,649.1	1,674.2
- 일반패드	749.5	753.8	758.1	762.5	766.9	773.3
- 슬림패드	816.6	833.9	849.5	865.6	882.2	900.9
전체	3,181.8	3,204.6	3,235.7	3,259.4	3,290.6	3,321.7

자료: 유로모니터, "Sanitary Protection in the US(2020년 6월)" 참조

탐폰 타입 생리대 인기는 해가 갈수록 저조해져 2019년 11억5700만 달러의 시장 규모는 2024년 11억4500만 달러로 위축될 전망이며 이는 탐폰에 함유된 표백제 등 유해물질에 대한 정보가 소비자들 사이에 확산되고 있으며, 제품을 몸 안으로 삽입하는 것에 대한 부담감이 부정적으로 작용한 것으로 보인다.

또 플라스틱 소재가 사용되는 탐폰의 특성상 플라스틱 쓰레기를 늘린다는 점도 젊은 층이 기피하는 요인이 된다. 2020년에는 코로나19의 영향으로 여행, 수영장 방문 등 야외활동이 줄어들면서 탐폰 수요 감소하였다.

미국 내 유해물질 배제하고 유기농 순면을 사용한 프리미엄 클린레이블 제품의 인기

---

32) 미국 생리대 시장동향/Kotra

가 확산되고 있으며 '안심하고 사용할 수 있는 생리대' 콘셉트를 내세운 신생브랜드들이 등장하였다. 대기업 브랜드들도 염소표백제, 향료, 염료 등을 배제한 클린 레이블의 프리미엄 제품을 경쟁적으로 출시했고 클린레이블의 프리미엄제품은 일반 생리대나 탐폰에 비해 가격이 1.5~2배 정도 비싸지만 내추럴·유기농 제품을 선호하는 젊은층을 중심으로 판매가 늘고 있는 추세이다.

[그림 58 P&G의 생리대 브랜드 Always의
클린레이블 브랜드 'Always Pure Cotton'제품]

2019년 미국의 생리대 수입액은 12억529만 달러로 전년대비 2.2% 증가하였으며 미국의 최대 생리대 수입시장은 캐나다로 전체 수입액의 50% 이상을 차지한다. 이밖에 멕시코, 중국, 독일, 이스라엘이 상위 5개국에 포함됐으며 이들 5개국이 전체 수입 시장의 90% 이상을 차지하였다. 5위권 국가 중 중국과 독일은 전년대비 대미 수출이 32.2%와 26.1% 증가한 반면 멕시코는 20% 이상 감소했다.

미국의 생리대 수입현황

(위생 타월(패드)·탐폰, 유아용 냅킨·냅킨 라이너 등 HS Code 961900 기준)

(단위: 천 달러, %)

순위	국명	수입액			비중		
		2017	2018	2019	2017	2018	2019
	전체	1,132,583	1,179,277	1,205,295	100.00	100.00	100.00
1	캐나다	552,067	574,733	612,873	48.74	48.74	50.85
2	멕시코	358,919	345,001	275,827	31.69	29.26	22.88
3	중국	88,880	119,523	158,036	7.85	10.14	13.11
4	독일	18,783	25,593	32,277	1.66	2.17	2.68
5	이스라엘	32,843	28,863	26,322	2.90	2.45	2.18
6	대만	9,141	8,534	11,106	0.81	0.72	0.92
7	스페인	4,333	6,748	10,252	0.38	0.57	0.85
8	스웨덴	7,113	5,454	9,452	0.63	0.46	0.78
9	콜롬비아	5,251	5,889	7,581	0.46	0.50	0.63
10	체코	2,831	5,534	7,553	0.25	0.47	0.63
15	대한민국	784	1,466	3,854	0.07	0.12	0.32

자료: 미국 통계청

2019년 한국의 생리대 대미 수출액은 전년대비 162.8% 급증한 385만4700여 달러를 기록했으며 한국은 2019년 미국 생리대 수입시장에서 시장점유율 0.3%로 15위에 랭크되었다. 2020년 상반기 한국의 생리대 대미수출은 전년 동기 대비 731.2% 증가한 1337만2000여 달러로 집계된다.

2019년 미국 생리대 시장은 P&G가 수년간 독보적 1위 자리를 지켜왔으며 P&G는 2015~2019년 생리대 시장점유율 1위에 랭크됐으며 점유율도 2015년 44.4%에서 2019년 46.9%로 해마다 증가하고 있다. P&G의 주요 브랜드로는 Always/Whisper, Tampax가 있다.

또한 최근 유기농, 친환경 생리대 시장 확대에 따라 2019년 니치 브랜드인 'This is L'을 인수하면서 프리미엄 생리대 시장 공략에 박차를 가하고 있다. This is L은 2016년 온라인 생리대 기업으로 출발한 유기농 코튼으로 생리대와 라이너, 탐폰을 제조 판매한 미 최초의 기업으로 미국 대형 유통업체인 '타겟'을 통해 오프라인 판매를 시작해 큰 성공을 거둔 브랜드이다.

2위는 Kimberly-Clark으로 2019년 시장점유율 15.8%를 기록했으며 2015년 18.3%

였던 Kimberly-Clark의 시장점유율은 지난 4년간 대체적으로 하락세를 보였다. 하지만 2019년 2500만 달러를 투자해 재사용 할 수 있는 생리대 겸용 언더웨어 Thinx를 출시하고 시장 확대 기회를 노리고 있다. Kimberly-Clark의 주요 브랜드로는 U by Kotex, Kotex가 있다.

이밖에 Edgewell Personal Care Brands, Palytex products, Walmart가 3~5위에 랭크됐으며, 이 3개 기업의 생리대 시장 점유율은 18.7%이다.

유통구조를 살펴보면 최근 수년간 소비자직접판매(D2C) 방식으로 온라인을 통해 생리대를 판매하는 틈새 브랜드들이 증가하고 있고 인체 유해성분을 제거하고 유기농 코튼을 활용한 니치브랜드들은 비즈니스 초기 소셜미디어를 적극 활용해 홍보하고 온라인 상점을 통해 고객에게 직접 판매하는 방식을 선택한다.

수요가 증가하면 대형 소매유통업체를 통해 오프라임 마켓도 진출하는데 그 대표적인 예가 P&G사가 인수한 This is L과 Cora 브랜드이다.

코로나19 영향의 록다운으로 생필품 사재기 현상이 발생하면서 생리대 판매도 급증했으나 2020년 매출은 전년비 1% 정도 증가에 그쳤으나 외출 자제령과 감염 공포로 인한 외출 자제 등으로 소비자들의 온라인 구매 의존도는 더욱 커질 전망이다. 이에 따라 온라인이 주요 판매 채널인 D2C 브랜드의 시장 성장 기회도 확대될 것으로 보인다.

또한 친환경, 재사용, 사회적기업 제품의 인기는 더욱 높아질 것으로 기대되며 코로나19로 일회용품 사용급증 우려가 커지고 있는 가운데 세척해서 재사용하는 생리대나 생리컵 등의 수요 확대가 전망된다. 식물성 원료·유기농 코튼 사용과 유해화학성분 배제 제품은 건강과 환경에 관심이 많은 Z세대와 밀레니얼세대를 중심으로 꾸준히 수요가 증가할 것으로 예상되며 생리대나 탐폰 판매 금액의 일부를 환원하거나 윤리적 경영 및 제품 생산을 추구하는 사회적 기업 역시 주목 받고 있다. [33]

---

33) Euromonitor, 미국 통계청, 미국 무역행정청 및 KOTRA 뉴욕 무역관 보유 자료 종합

Ⅶ. 여성위생용품 기업분석

7. 여성위생용품 기업분석

가. 국외 기업 분석

1) 프록터 앤드 갬블(P&G)

[그림 60. 프록터앤
드갬블 로고]

'프록터앤드갬블(The Procter & Gamble Company)'은 미국의 대표적인 비누, 세제, 식품, 위생용품 제조업체이다. 잉글랜드 출신의 양초제조업자인 윌리엄 프록터(William Procter)와 아일랜드 출신의 비누제조업자인 제임스 갬블(James Gamble)이 동서지간으로 만나 1837년 미국 신시내티에서 두 업체를 합병해 세웠다. 합병 이전에 프록터의 양초업체와 갬블의 비누업체는 돼지 사육과 도살의 중심지였던 신시내티에서 제조 원료인 동물성 지방을 쉽게 구할 수 있었다.

미국 남북전쟁이 한창이던 1850년대 말 프록터앤드갬블이 북군에 비누와 양초를 공급하면서 1859년 100만 달러의 매출을 올렸다. 당시 비누 이름이 '아이보리'였다. 1887년 윌리엄 프록터의 손자인 윌리엄 아넷 프록터는 사내 파업을 줄이기 위한 방법으로 직원들에게 회사의 주식을 나눠주기 시작했다. 1911년 동물성 지방이 아닌 식물성 기름으로 만든 쇼트닝 제품인 크리스코(Crisco)를 생산했다. 1920~1930년대 라디오 방송이 유행하자 비누 광고를 냈는데, 이런 방송프로그램을 지금까지도 '소프 오페라(soap opera)'라고 부른다.

1930년 영국 잉글랜드 뉴캐슬에 있던 토마스 헤들리 사를 인수하면서 영국에서의 사업을 확장해 나갔다. 1946년 타이드(Tide) 세제를, 1947년 프렐(Prell) 샴푸를 생산했다. 1955년 세계 최초로 불소를 함유한 치약을 생산했다. 1957년 차민(Charmin) 제지업체를 인수하여 화장지와 종이 제품을 생산했다. 이미 존슨앤드존슨이 일회용 기저귀를 생산하고 있지만 프록터앤드갬블(P&G)의 팸퍼스(Pampers)는 혁명적인 기저귀 발명품이었다. 이때 일회용 기저귀에 대한 대중의 인식을 크게 바꿔 놓았다.

2005년 1월 질레트를 인수하여 브랜드를 확대했다. 2010년 P&G는 팬틴, 비달사순,

헤드&숄더, 웰라, 위스퍼, 페브리즈, 프링글스, 브라운, 오랄-비, 아이보리 등의 브랜드를 보유하고 있다.

1989년 (주)서통과의 합작으로 한국에 처음 진출한 P&G는 1992년 P&G코리아를 설립했다. 다음은 P&G의 주요연혁을 표로 정리한 것이다.

[표 9. P&G 연혁]

연도	내용
1837	- 미국 오하이오주 신시내티에서 설립, 양초와 비누 제품 생산, 판매
1897	- 아이보리 비누 출시
1915	- 캐나다 공장 준공
1931	- 브랜드 매니지먼트 시스템 도입
1933	- 세계 최초의 합성 세제 Dreft 개발, 출시
1934	- 세계 최초의 세제류 샴푸 Dren출시
1935	- 필리핀 공장 준공, 극동 지역 마케팅 개시
1954	- 유럽 시장 진출 - 종이제품 사업 진출
1961	- 세계 최초의 종이기저귀 팸퍼스(Pampers)출시
1973	- 일본 진출
1978	- 의약용품 생산 개시
1980	- 매출액 100억불 달성
1983	- **여성 생리용품 위스퍼(Whisper), 올웨이즈(Always) 출시**
1989	- Noxwell사 인수로 미용 및 화장품 사업 진출 - 대한민국에 서통그룹과 합작진출 및 설립 (서통피앤지)
1992	- 세계 환경 보존 기구로부터 세계 기업 환경 보호 부문 금메달 수상, - **세계 여성 생리용품 시장 매출 1위 달성** - 서통그룹과 미국 P&G사 700억 단독투자로 서통피앤지 천안공장 완공
1993	- 매출액 300억불 달성, 팬틴 세계 샴푸 시장 매출 1위 달성 - 대한민국에 서통그룹과 분류 및 프록터 앤드 갬블 한국 법인의 한국P&G으로 회사명 변경
1994	- 미국 정부로부터 고용평등실천 우수 기업으로 'Opportunity Now Award 2000' 수상
1997~1998	- Fortune지 선정 세계에서 존경 받는 100대 기업

	(비누 및 화장품 부문)
1998	- Organization 2005 계획 발표
1999~2000	- Fortune지 선정 세계 500대 기업 선정 - 파이낸셜 타임즈 선정 세계에서 존경 받는 50기업 선정
2001	- 코카콜라와 주스 및 스낵 합작회사 설립 발표
2002	- Fortune지 선정 가장 일하기 좋은 100대 기업에 선정 (97위) - 세계에서 가장 존경받는 기업 100대 기업 (비누 화장품 부문 1위) - 포춘 500대 기업 (생활용품 부문 1위) - 소수민족이 일하기 좋은 50대 기업 (20위) - 미국 일하는 여성들의 모임이 선정한 여성이 가장 일하기 좋은 직장 (26위)
2003	- 독일에 헤어용품 전문기업인 웰라그룹 인수
2008	- 프록터 앤드 갬블 한국 법인의 한국피앤지 판매유한회사 체제로 변경
2010	- 국제 올림픽 위원회와 후원계약체결
2012	- 스낵 브랜드 프링글스 미국 시리얼 제조사 Kellog 사 매각

2015년도 조사한 결과에 따르면 P&G는 2012년~15년 3년간의 실적 부진이 있는 것으로 나타났다. 2012년 836억 달러(약 96조원)이던 매출액은 2015년 762억 달러(약 88조원)로 감소했다. 이는 글로벌 금융위기 당시인 2009년 수준이었다.

P&G의 위기는 2009년 글로벌 금융위기부터 시작됐다. 미국 소비자는 불경기에 가격이 저렴한 제품을 찾기 시작했지만, P&G는 중고가(中高價) 제품 정책을 고수했다. 그러자 경쟁사인 콜게이트-팔몰리브나 유니레버가 비슷한 제품을 싼값에 내놓으며 시장을 파고들었다. 생활용품은 여러 기업이 비슷한 제품을 쏟아내면 가격 경쟁이 치열해지는 속성을 갖고 있다. P&G가 경쟁사보다 평균 30% 비싼 가격을 고집하자 결국 소비자들이 등을 돌렸다. 총매출의 40%를 차지하는 미국 시장에서 P&G의 '미용·개인관리' 제품 점유율이 추락했다. 면도기 시장의 왕자(王者)였던 질레트는 2012년부터 지난해까지 미국 시장점유율이 4.2%포인트 곤두박질쳤다.

2013년 P&G의 '구원투수'로 발탁된 앨런 래플리 CEO는 작년 8월 매출 비중이 10%에 불과한 100여개 브랜드를 정리하고 65개 주력 브랜드에만 집중하겠다고 선언했다. 이에 따라 2015년 7월 웰라 샴푸·휴고보스 향수 등 뷰티 브랜드 43개를 향수업체인 코티에 130억 달러에 매각하는 등 정리 작업을 벌여 현재 65개 브랜드로 줄였다. 하지만 실적 개선이 미미하자 작년 하반기 반짝 상승했던 주가(株價)는 다시 추락했다.

이 때문에 '기업 분할' 같은 과감한 수술이 필요하다는 얘기가 나온다. 글로벌 투자 분석회사 번스타인이 62개 기관투자자를 상대로 설문 조사를 벌인 결과, 66%가 "P&G를 쪼개야 한다."는 의견에 동의했다.[34]

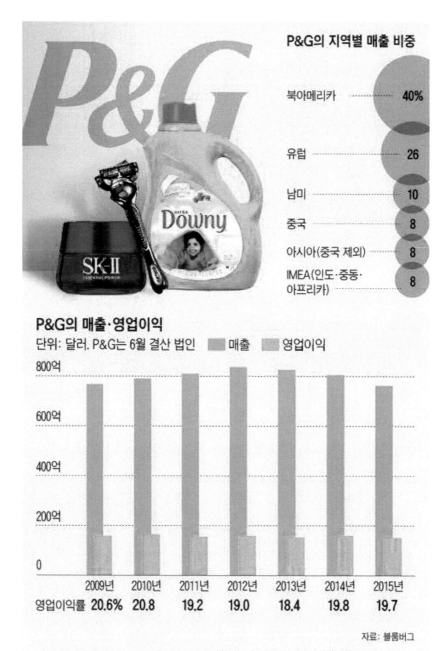

[그림 61. P&G의 지역별 매출 비중]

---

34) [Global Economy] 너무 커져버린 P&G… '규모의 함정'에 빠지다, 조선비즈, 2015.12.9

▌ 여성위생용품 브랜드

 P&G의 여성위생용품 브랜드에는 always, whisper, Tampax가 있다. always와 whisper는 1983년에 론칭한 이래로 꾸준한 판매율을 올리고 있으며 생리대와 팬티라이너 등의 제품을 출시하고 있다.

 Tampax는 해외에서 인기를 얻고 있는 탐폰 제품 브랜드이다. 높은 흡수력과 원만한 사용감, 그리고 저렴한 가격대로 소비자의 인기를 끌고 있다.

[그림 62. P&G 'always']

[그림 63. P&G 'whisper']

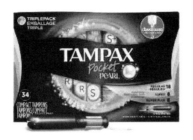
[그림 64. P&G 'Tampax']

 2) 유니참(Unicharm)

[그림 65. 유니참
로고]

'유니참(unicharm)'은 1961년에 창립한 생리용품 · 유아용품 등의 위생 용품 등의
제조 판매하는 일본의 기업이다. 유아용 기저귀로 아시아 1위, 세계 3위의 시장점유
율을 자랑하는 유니참은 1961년 창업 이래 50년간 지속적인 성장을 일궈내며 2015년
12월 기준 매출액은 14기 연속, 영업이익은 9기 연속 매년 과거 최고치를 경신하고
있다. 또한 1985년 688억 엔에 불과하던 매출액은 2016년 7387억 엔, 영업이익은
799억 엔으로 30여년 만에 10배 이상 급속도로 성장했다.

유니참은 현재 35개의 해외 현지법인 거점을 기반으로 아시아, 오세아니아, 중동을
비롯한 80개국에서 기저귀와 생리용품 판매를 확대하며 급성장을 구가하고 있다. 이
로 인해 유니참의 해외 매출액 비중은 2015년 기준 61.4% 달해 이미 자국 내 판매
비중을 추월한 상태다. 특히 아시아지역에서는 여성의 사회진출 확대와 기저귀·여성위
생용품의 사용보급촉진에 힘입어 2012년부터 매년 평균 23.8%의 매출액 증가율을 기
록하고 있다.[35]

---

35) [저성장시대, 일본기업의 성장전략 ①유니참] "세상은 넓다! 가치를 팔아라", 프레스맨, 2017.4.22

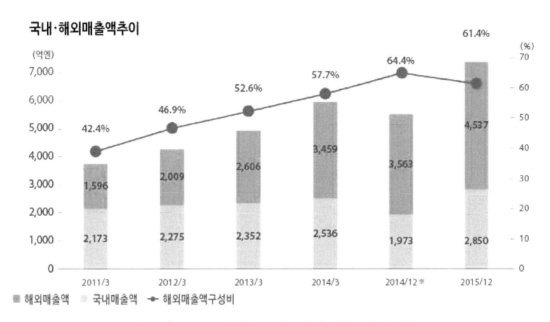

[그림 66. 유니참 국내, 해외 매출액 추이]

▌여성위생용품 브랜드

유니참의 대표브랜드는 소피(Sofy)이다. 소피는 생리대, 팬티라이너, 탐폰의 제품을 출시하여 판매하고 있다. 소피 소프트 탐폰은 일본 화장품 구매사이트 @cosme에서 의료기구 랭킹 1위, 생리용품 랭킹 2위를 차지하고 있는 제품이다. 또한 팬티라이너 Kiyora 제품은 8가지 향으로 되어있어 소비자의 인기를 끌고 있다.

[그림 67. 유니참 '소피' 제품]

3) 엣지웰 퍼스널 케어(Edgewell Personal Care)

[그림 68. 엣지웰 퍼스널 케어
로고]

엣지웰 퍼스널 케어 (Edgewell Personal Care)는 에너자이저(Energizer) 건전지 브랜드를 보유한 '에너자이저 홀딩스'를 모회사로 두고 있는 기업이다. 2015년 7월, 기업 전략 차원에서 에너자이저 홀딩스는 기존의 건전지 사업부와 생활가정용품 사업부를 각각 지분분사를 통해 독립시키기로 결정했으며, 생활가정용품 사업부는 엣지웰이라는 새로운 기업명과 함께 탄생하게 되었다.

시가총액 $4.8 billion 달러의 엣지웰은 현재 뉴욕 증권거래소 내 'EPC'라는 주식종목코드로 상장 거래되고 있으며, 북미 증시 내 주요 생활용품 관련주들의 시가총액/연매출 측면에서 비교해 볼 때 상대적으로 작은 규모이다.

엣지웰의 지역별 매출 현황으로는 북미 지역은 엣지웰 총 매출의 +60% 비중을 차지하며, 기타 지역별 매출 분포도로는 유럽 (18%), 아시아 (13%), 남미 (7%), 기타 해외 시장 (2%)로 구성된다.

생활가정용품 업계 내 주요 경쟁 브랜드들과 구별되는 높은 혁신성을 의미하는 '엣지 (Edge)'와 양질의 제품을 통해 글로벌 웰빙 생활문화를 주도하겠다는 '웰 (Well)'의 합성어로 탄생한 엣지웰은 총 4개의 사업부를 통해 사업을 운영하고 있다.

▌ 여성위생용품 브랜드

① Playtex : Playtex는 탐폰을 다루는 브랜드이다. 주로 스포츠 활동 시 착용에 유리한 제품들로 구성이 되어있으며, 스포츠 활동 시 착용하는 팬티라이너 제품도 있다.

[그림 69. 엣지웰퍼스널케어 Playtex]

② Carefree : Carefree는 주로 팬티라이너 제품을 생산하고 있다. 여성들에게 매일 청결함을 유지시키기 위한 의도해서 출발했다.

[그림 70. 엣지웰퍼스널케어 Carefree]

③ Stayfree : STAYFREE 패드는 여성위생용품 분야에서 오랫동안 사랑받고 있는 브랜드이다. 1974년에 첫 번째 beltless 패드를 론칭한 이후 지속적으로 브랜드 개발을 하고 있다.

[그림 71. 엣지웰퍼스널케어 Stayfree]

④ o.b. : o.b. 는 여성 산부인과 의사와 o.b. 가 개발한 디지털 탐폰이다. o.b. 탐폰은 사용자의 각각의 고유한 모양에 맞도록 건강 보호를 위해 설계되었다. o.b.탐폰은 재생 가능한 자원으로부터 원료 값의 90%정도를 절약한 최소한의 포장을 사용하여 친환경적인 제품을 생산하고 있다.

[그림 72. 엣지웰퍼스널케어 o.b.]

4) 킴벌리 클라크(Kimberly-Clark)

[그림 73. 킴벌리 클라크 로고]

'킴벌리-클라크(Kimberly-Clark Corporation)'은 미국의 개인 용품 제조 관련 기업이다. 1872년 존 A. 킴벌리(John A. Kimberly)가 킴벌리클라크앤드컴퍼니를 설립했다. 본사는 텍사스 주 어빙에 있다. 화장지 브랜드 크리넥스, 여성용 생리제품 코텍스, 화장지 브랜드 코튼넬, 기저귀 하기스, 요실금 및 성인용 기저귀 디펜드, 질긴 재질의 화장지 비바 등이 대표적인 제품이다.

다음은 킴벌리 클라크의 주요연혁을 표로 정리한 것이다.

[표 10. 킴벌리 클라크 연혁]

년도	내용
1872년	- '킴벌리 클라크 앤드 컴퍼니'라는 상호명으로 설립(제지공장)
1910년대	- 제1차 세계대전 기간 중, 미군이 사용하는 수술용 면제품을 개발 - **셀루코튼 소재를 이용한 일회용생리대 KOTEX 출시**
1929년	- 뉴욕타임스와의 합작
1991년	- 캐나다 온타리오 주에 세웠던 신문인쇄공장 매각
1950년대	- 멕시코, 독일, 영국으로 사업 확장
1960년대	- 17개 해외 지사를 운영

1984년	- 미드웨스트 익스프레스 항공사를 세워 항공업무부를 운영
1995년	- 세계적인 제지 업체 스콧페이퍼를 인수
1997년	-스콧페이퍼 사의 지분 50%를 크루거에 매각
2000년	- 대만의 S-K기업 지분을 모두 인수하면서 대만 최대의 소비재 제조업체가 되었고, 아시아-태평양 지역의 유통망 확대.
1970년	- 유한양행과 합작으로 '유한킴벌리'를 설립
2010년	- 자연주의 스킨케어 브랜드 '그린핑거(Greed Finger)' 출시 - 미국의 마케팅 전문업체인 슈나이더 어소시에이츠 (Schneider Associates)에서 '2010년 가장 기억에 남는 신상품 순위'에서 킴벌리클라크가 하기스 브랜드로 생산한 '청바지 무늬의 기저귀'를 9위로 발표.

▌ 여성위생용품 브랜드

킴벌리 클라크사의 여성위생용품 대표브랜드는 'Kotex'이다. 각 국별로 kotex는 다른 브랜드 이름을 론칭 하여 사용하고 있다. 한국에는 'Kotex white(화이트)', 'Kotex Goodfell(좋은느낌)'이라는 브랜드네임을 사용하고 있다.

[그림 74. 미국의 'U by kotex']

나. 국내 기업 분석

1) 유한킴벌리

[그림 75. 유한킴벌리 로고]

'유한킴벌리'는 대한민국의 위생, 유아용품 등의 소비재 제조회사다. 유한양행과 킴벌리 클라크의 합작투자로 1970년 3월 30일 4대 6의 지분율로 설립하였다. 1998년 킴벌리 클라크가 유한양행의 지분 10%를 인수하여 총 70%의 지분을 보유하고 있다. 이후 국내에서 성장세를 보여 매출액 1조를 넘어선 대기업이다.

[표 11. 유한킴벌리 재무성과표(2017-2019)]

구분	2017	2018	2019
매출액	13,567	13,271	13,331
(증가율)	(-9.54%)	(-2.18%)	(0.45%)
당기순이익	1,481	1,101	1,371
(증가율)	(-17.28%)	(-25.65%)	(24.45%)
자산총계	8,061	10,360	10,338
(증가율)	(-1.35%)	(-0.71%)	(-0.22%)

주요 사업은 유아아동용품 사업(하기스, 굿나이트), 여성위생용품 사업(화이트, 좋은느낌, 애니데이), 가정위생용품 사업(크리넥스, 뽀삐, 마이비데), 스킨케어 사업(그린핑거, 티엔, 메이브리즈), 성인위생용품 사업(노인 위생 제품인 디펜드, 포이즈), 병원위생용품 사업(수술용 장갑, 가운, 마스크), 산업위생용품 사업(방향제, 세정제, 마스크) 등이다.

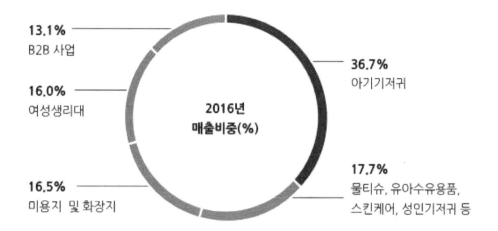

[그림 76. 유한킴벌리 품목별 매출비중(2016년)]

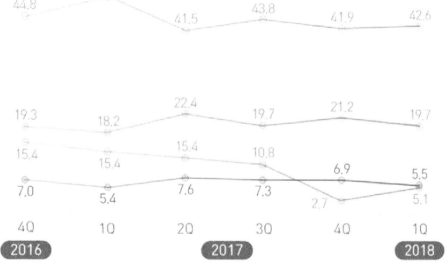

그림 77 국내 주요 생리대브랜드 기업 금액기준 시장점유율 변화 (2016-2018)

 유한킴벌리는 국내 생리대 시장업체 중에서 독보적인 판매율을 보이고 있는 기업 이다. 2016년에서 2018년 국내 생리대 시장 점유율을 분석한 결과 유한 킴벌리는 2016년 44.8(%)에서 2018년 42.6(%)을 점유율을 차지했다.

유한킴벌리의 대표적인 사회공헌활동은 '우리강산 푸르게 푸르게' 캠페인이다. 유한킴벌리는 1984년부터 국내 황폐화된 산림 복구를 위해 '우리강산 푸르게 푸르게 캠페인'을 전개하며 나무를 심고 숲을 가꾸는 일을 시작했다. 생태환경보존을 위한 국·공유림 나무심기, 숲가꾸기, 자연환경 체험교육, 숲·생태 전문가 양성, 연구조사, 해외 사례연구 등 숲을 중심으로 하는 다양한 활동을 펼쳐왔으며 그동안 5,000만 그루(2014년 기준)의 나무를 심고 가꾸었다. 또한 북한, 몽골 등 인접국가의 숲 복원을 위해 약 2,094만여 그루의 나무를 심고 가꾸어 오고 있다.

1970년 한국의 유한양행과 미국의 킴벌리클라크가 3대 7의 투자비율로 합작해 유한킴벌리를 세웠다. 유한양행은 유일한 박사가 세운 제약회사이며 킴벌리클라크는 미국 텍사스에 본사를 둔 제지회사다. 킴벌리클라크의 해외 자회사 가운데 현지 이름을 쓰는 회사는 유한킴벌리가 유일하다.

유한킴벌리의 주요 연혁은 다음 표와 같다.

[표 12. 유한킴벌리 연혁]

년도	내용
1970.03	- 유한킴벌리 회사 설립
1970.12	- 제1공장(군포) 준공
1971.01	- 국내 최초 코텍스 생리대 출시
1971.05	- 국내 최초 '크리넥스' 미용티슈 출시
1974.08	- 국내 최초 '뽀삐' 화장지 출시
1978.03	- 수출 기여 공로로 '상공의 날' 대통령 표장
1981.07	- '크리넥스' 키친타올 및 종이냅킨 출시
1983.06	- 국내 최초 '하기스' 팬티형 아기기저귀 출시
1984.08	- 우리강산 푸르게 푸르게 캠페인 시작
1985.10	- **국내 최초 코텍스 팬티라이너 출시**
1993.06	- 국내 최초 디펜드 안심위생팬티 출시
1995.10	- **'화이트' 생리대 출시**
1999.11	- **'좋은느낌' 생리대 출시** - 우리강산 푸르게 푸르게, 대한민국 광고대상 라디오부문 대상 (한국광고단체연합회)
2000.08	- 보건복지 향상에 노력한 공로로 대통령표창(보건복지부)
2003.04	- '아시아에서 근무하기 가장 좋은 직장' 한국 1위 (AWSJ, Hewitt, 매일경제신문)
2003.05	- '대한민국 기업이미지 대상' 위생용품부문 1위(한국능률협회)

2005.06	- 존경받는 30대 한국기업 선정 대상 수상 (한국 IBM BCS, 동아일보)
2005.08	- '존경받는 기업' 선정 외국인 투자기업 존경받는 기업 1위 (연세대학교, 중앙일보)
2005.12	- 하기스 '매직팬티' 출시
2006.10	- **여성물티슈 '후레쉬 데이' 출시**
2010.07	- 한국에서 가장 일하기 좋은 기업 3위 선정 (한국능률협회컨설팅)
2010.08	- 10대 화장품 '티엔' 출시
2010.09	- 유한킴벌리 화장지, 생리대 '2010 한국산업의 고객만족도' 분야별 1위인증(KMAC)
2010.10	- **좋은느낌, 크리넥스(롤티슈)브랜드 2010녹색상품 winner 선정(KMAR)**
2012.04	- **좋은느낌 오가닉 코튼 신제품 출시**
2012.09	- **유한킴벌리 화장지, 생리대, '2012 한국산업의 고객만족도' 분야별 1위 인증(KMAC)**
2013.02	- 화장실 전용 물티슈 '크리넥스 마이비데' 출시
2013.03	- 한국산업의 브랜드파워(K-BPI) 조사결과 하기스 15년 연속(1999~), **생리대 13년 연속(2001~)**, 크리넥스, 뽀삐 11년 연속(2003~) 부문별 1위 선정
2013.04	- **체내형 생리대 화이트 탐폰 출시**
2013.11	- **'좋은느낌' 좋은순면 신제품 출시**
2015.03	- 한국산업의 브랜드파워 (K-BPI)하기스 17년 연속(1999~), **생리대 15년 연속(2001~)**, 크리넥스, 뽀삐 13년연속(2003~) 부문별 1위 선정
2016.07	- **한국여성재단과 생리대 153만패드 기부** 전국 학교(2,000여개) 및 소녀돌봄약국 (200여곳)
2016.11	- **'좋은느낌 순수' 생리대 출시**
2017.06	- 화이트스타일 탐폰 '신제품 출시 - 디펜드 안심플러스 언더웨어 출시
2018.01	- 라네이처 신제품 출시
2018.02	- 한국에서 가장 존경받는 기업 5위 선정(한국능률협회컨설팅) 15년 연속 10위 이내 선정, 생활용품부문 1위 선정
2018.03	- 초경/월경 교육 전문 블로그 '우리 월경해(우월해)' 오픈
2018.04	- **중저가 생리대 좋은느낌 솜솜 출시**

2018.06	- 2017년 동반성장지수 평가 "최우수 명예기업" 등급 획득
2019.01	- 라네이처 IF 디자인 어워드 'IF 디자인 어워드' 패키지 디자인 부문 수상
2019.02	**- 좋은느낌, 유기농 순면 흡수체 탐폰 출시**
2019.04	**- 라네이처 여성청결제 출시, 여성청결제 시장 신규 진출** - 화이트, 붉은색 표현한 생리대 광고 캠페인 첫 시행
2019.07	- 유한킴벌리 019 대한민국 회계대상 최우수상 수상 - 좋은느낌, YK 여성용품 최초 해외 이커머스 채널 공식 입점
2020.01	- '힘내라 딸들아' 생리대 기부 캠페인 (누적 50만 패드)
2020.02	- 생리건강 전문 블로그 '우생중' AVA 디지털 어워즈 4개 부문 수상
2020.07	**- 라네이처 시그니처 생분해성 생리대 출시 (국내 최초 완제품으로 유럽 seedling 생분해 인증 획득)**
2020.08	- 좋은 느낌 처음생리팬티 캠페인 런칭
2020.09	- 2019 동반성장지수 최우수기업(5년 연속) 선정

▌여성위생용품 브랜드

① 화이트

1995년 출시이후로 유한킴벌리 매출의 상당부분을 차지하고 있다. 화이트 시크릿홀 울트라, 화이트 시크릿홀 오버나이트 울트라, 화이트 시크릿홀 라벤더, 화이트 입는 오버나이트 등의 제품이 있다. 2013년 체내형 생리대인 화이트 탐폰 제품을 추가했다. 화이트 탐폰 레귤러, 화이트 탐폰 슈퍼 등이 있고 립스틱 크기의 아담한 사이즈로 출시한 화이트 스타일 탐폰도 있다.

[그림 78. 유한킴벌리 '화이트']

② 좋은느낌

 1999년 출시된 브랜드이다. 피부가 편안함을 느낄 수 있도록 순면의 부드러운 느낌을 강조한 브랜드이다. 좋은느낌 좋은순면, 좋은느낌 순수, 좋은느낌 한초랑 등의 라인이 있다. 좋은느낌 한초랑은 국내산 강화쑥(애엽)으로 생리시 냄새걱정을 방지하고자 만든 제품이다. 좋은느낌 팬티라이너 라인 제품도 판매되고 있다.

[그림 79. 유한킴벌리 '좋은느낌']

[그림 80. 유한킴벌리 '좋은느낌 솜솜']

[그림 81. 유한킴벌리 '좋은느낌 탐폰']

[그림 82. 유한킴벌리 '라네이처']

▌ 주요 이슈

유한킴벌리의 생리대 가격인상은 논란이 되어왔다. 2016년 4월 유한킴벌리가 생리대 '좋은느낌'에 대해 리뉴얼 및 가격을 인상을 계획하고 있다는 사실이 알려지면서 이에 대한 소비자들의 반발이 거세져 논란이 되었다.

통계청 소비자물가지수에 따르면, 2010년부터 2016년 4월까지 전체 소비자물가지수는 10.6% 상승한 반면 생리대 품목은 동기간 무려 25.6% 인상됐으며 생리대의 물가상승률은 전체 상승률보다 2.4배 높은 것으로 나타났다. 또한 화장지와 기저귀의 소비자가격은 각각 5.9%, 8.7% 인상돼 동일한 재료(펄프)가 사용되고 생필품으로 분류되는 타 품목들과 비교해 보더라도 생리대의 가격이 그간 지나치게 인상된 것을 확인할 수 있다.

반면 생리대 제조에 사용되는 펄프와 부직포의 수입물가지수는 지속적으로 하락하고 있는 것으로 확인됐다. 펄프의 경우 2010년 대비 2016년 4월 현재 29.6% 하락했고, 부직포는 2012년 최고치를 기록한 이후 하향 안정세로 동기간 7.6% 하락했다. 주요 원재료의 가격이 큰 폭으로 하락했음에도 불구하고 리뉴얼을 핑계로 생리대 제품의 가격을 인상하는 것은 납득하기 어려운 부분이다.

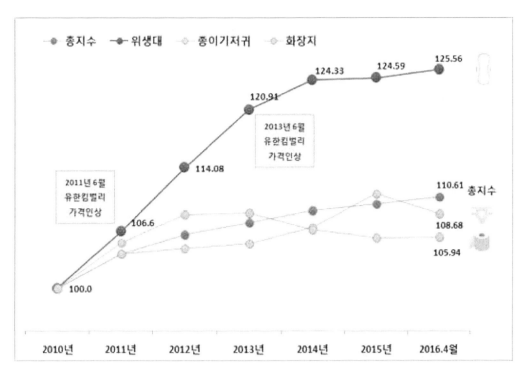

[그림 83. 소비자물가지수 추이]

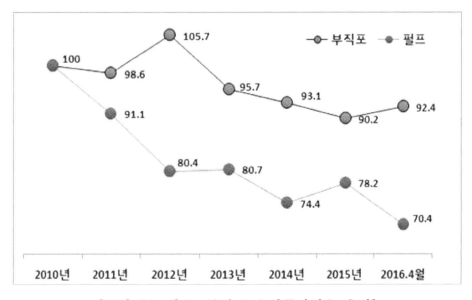

[그림 84. 펄프, 부직포 수입물가지수 추이]

소비자단체협의가 유한킴벌리의 가격인상 근거를 찾아보기 위해 2011~2015년 간의 재무제표를 분석한 결과, 유한킴벌리의 2015년 매출액은 약 1조 5,000억 원으로 2011년 대비 16.5% 증가했고, 영업이익은 1,764억 원으로 30.4% 증가했다. 특히 영업이익률은 5년 내내 10%를 상회하며 평균 11.5%로 나타났으며, 제조업 평균 영업이익률 5.4%의 2배가 넘는 것으로 분석됐다.

또한 2011~2015년간의 배당내역을 분석한 결과, 유한킴벌리의 배당성향(당기순이익에 대한 배당액 비율)은 평균 88.1%로, 제조업 평균 20.4%의 4배가 넘는 규모인 것으로 나타났다. 2015년의 경우 최대 규모의 배당을 실시, 1,407억 원의 당기순이익에 배당금 1,300억 원을 지급함으로써 이익의 대부분을 배당한 것으로 나타났다. 소비자들에게는 원자재가격 인상, 리뉴얼, 연구.개발 등의 명목으로 가격 인상을 전가하는 동안 주주들은 거액의 배당금을 받으며 배를 불리고 있는 상황이다.

이에 대해 소비자단체 협의회 관계자는 "생리대는 여성들에게 필수품으로써 면세 대상임에도 불구하고 잦은 가격인상으로 여성 소비자들의 불만이 끊임없이 제기돼 왔다"며 "유한킴벌리는 원재료가격 하락과 높은 영업이익률에도 불구하고 또다시 가격 인상을 시도하고 있으며, 이는 소비자들을 전혀 고려하지 않고 높은 배당 성향을 유지하기 위한 가격정책으로 의심 된다"고 말했다.

2) 엘지유니참

[그림 85. 엘지유니참 로고]

LG 유니참은 일본 유니참과 합작하여 2006년에 설립한 기업이다. 국내 생활용품시장 1위인 LG생활건강은 미래성장성 확보를 위한 신사업 진출을 모색해 왔으며, 중국/동남아 등에서 1위의 위치를 확고히 구축한 유니참은 한국시장에서도 적극적인 시장 확대를 모색해 왔다. 이런 가운데 국내에 강력한 마케팅력을 보유하고 있는 LG생활건강과 지류 제품관련 세계적인 기술력을 보유한 유니참은 서로가 필요한 역량을 갖추고 있었다.

국내 관련업계에서는 금번 합작법인이 LG생활건강의 국내 유통지배력과 유니참의 제품력 그리고 양사의 마케팅 역량이 결합한 이상적인 제휴모델로 평가하고 있다. 따라서 LG유니참의 등장은 유한킴벌리가 독주하고 있는 국내 지류용품 시장 판도에 커다란 변화를 불러올 것이라는 예상과 함께 LG유니참의 향후 진로에 업계의 이목이 집중되었다.

제휴방식은 LG생활건강이 유니참의 기존 한국법인 주식인수 및 증자에 참여, 지분 49%를 확보해 합작법인 'LG유니참'을 출범시키는 방식으로 이뤄졌다. 이에 따라 LG 생활건강은 합작법인이 생산/수입하는 제품의 국내 독점판매, 유니참은 기술지원과 R&D, 합작법인은 마케팅을 각각 맡게 되었다.

LG생활건강과 유니참의 증자참여를 통해 자본금 300억원 규모로 출발하는 합작법인 LG유니참은 Global 프리미엄 브랜드 전략을 기반으로 차별화된 제품, 가치를 소비자에게 제공함으로써 새로운 프리미엄 시장의 창출, 육성을 3대 기본전략으로 정했다.

또한 LG유니참은 생리대 및 기저귀 시장이 각각 3천억원대 규모로 기존에 LG생활건강이 참여하고 있던 샴푸나 치약 보다 규모가 큰 시장으로서 특히 코튼소재 생리대, 탐폰, 팬티기저귀 등의 성장성이 매우 높다고 보고 3대 기본전략과 현 시장상황을 바탕으로 사업 초기에는 기존 제품들과 차별화된 프리미엄 제품을 중심으로 시장을 확보키로 했다.

▌ 여성위생용품 브랜드

① 쏘피(Sofy)

엘지유니참 생리대 브랜드는 '쏘피'이다. 쏘피한결, 바디피트, 귀애랑, 내몸에 순한면 등의 제품이 있다.

- 쏘피 한결 : 쏘피 한결 울트라슬림, 쏘피 한결 카테킨, 쏘피 한결 레인보우 등의 제품이 있다.
- 바디피트 : 바디피트 볼록맞춤, 바디피트 라벤더, 바디피트 순간흡수 등의 제품이 있다.
- 귀애랑 : 강화쑥과 한방성분을 이용해 냄새커버가 가능한 제품이다.
- 팬티라이너 : 향을 첨가한 더퍼퓸, 생리전후용으로 사용하는 순간애, 귀애랑 팬티라이너, 바디피트 팬티라이너 등의 라인이 있다.

[그림 86. 엘지유니참 '쏘피']

3) 깨끗한나라

[그림 87. 깨끗한나라 로고]

'깨끗한나라'는 1966년 설립되어 1975년 상장되었으며 포장재로 사용되는 백판지 등을 제조, 판매하는 제지사업과 화장지, 미용티슈, 기저귀 등을 제조, 판매하는 생활용품사업을 영위하고 있다.

생활용품사업은 두루마리 화장지류, 미용티슈류, 기저귀류, 생리대류 등을 주요 제품으로 생산하고 있다. 자회사로는 무역업을 하는 미국법인(Kleannara USA, Inc.), 종이/지류 제조업체 (주)보노아, 도소매업체 (주)온스토어 등이 있다.

제지사업 부문에서 사용하는 원자재는 주로 펄프, 고지 등이 있으며, 펄프는 국내 자원의 공급기반이 취약해 대부분 수입에 의존하고, 고지의 경우에는 상당 부분 국내 조달로 이루어지고 있다. 글로벌 경기 침체 및 내수시장의 부진과 환율 급변에도 불구하고 적극적인 마케팅과 신제품 출시, 생산성 향상 및 원가절감활동 등으로 양호한 매출 달성하였다.

매출구성은 제지사업 50.26%, 생활용품 49.62%, 기타매출 0.12% 등으로 구성되어있다.

다음은 깨끗한나라의 주요연혁을 표로 정리한 것이다.

[표 13. 깨끗한나라 주요연혁]

년도	내용
1966	- 대한펄프공업(주) 법인 설립
1976	- 신양제지(주) 인수
1985	- 금강제지(주) 인수, 화장지 생산
1987	- **생리대 라라센스 출시**
1988	- 아기 기저귀 라라마미 출시
1991	- '대한펄프' 사명 변경
1995	- 아기 기저귀 '보솜이' 출시
1998	- 환경부 장관 환경친화기업 지정(현 녹색기업 지정)
1999	- 환경경영대상 우수상 수상

2005	- 유아용 물티슈 보솜이 출시
	- 소비자 웰빙지수(KWCI) 안정성 보솜이 대상
	  유아용품기저귀 부문 보솜이 1위
	  생활용품 화장지 부문 깨끗한나라 1위

2011	- 깨끗한나라(주) 사명 변경 - **생리대 릴리안 패밀리 브랜드 출시** - **생리대 릴리안 순수한면 출시** - **생리대 릴리안 순수한면 팬티라이너 출시**
2014	- **생리대 릴리안 The건강한순수한면 탐폰 출시** - 글로벌 역량지수(GBCI) 화장지 부문 깨끗한나라 3년 연속 1위 - **생리대 릴리안 가볍다, 숨쉬다 출시**
2015	- 생활용품 수출 매출 100억 달성 - 글로벌 역량지수(GBCI) 화장지 부문 깨끗한나라 4년 연속 1위 아기 기저귀 부문 보솜이 1위
2016	- 성인용 기저귀 "The편안한 봄날, 메디프렌즈 봄날"출시 - 고객사랑브랜드 화장지 부문 깨끗한나라 2년 연속 대상 - 글로벌 글로벌 역량지수(GBCI) 화장지부문 깨끗한나라 5년 연속 1위, 아기 기저귀 부문 보솜이 2년 연속 1위 - 아기 귀저기 보솜이 디오가닉 팬티형 출시

■ 여성위생용품 브랜드

① 순수한면

'순수한면'은 국내 유일 COTTON USA를 취득한 100% 순면커버로 만든 브랜드이다. 순수한면 생리대와, 팬티라이너, 오버나이트 등의 제품이 있다.

② 릴리안

깨끗한나라에서 2011년에 론칭한 브랜드로 릴리안 숨,쉬다, 릴리안 가볍다, 릴리안 초흡수 등의 제품이 있다. 향을 첨가한 팬티라이너(파우더향,로즈향,라벤더향,피오니향) 제품이 있다. 순수한면 브랜드와 합작하여 만든 The건강한 순수한면 탐폰 제품도 있다.

[그림 88. 깨끗한나라 '순수한면','릴리안']

■ 주요 이슈

깨끗한나라의 '릴리안' 제품이 부작용 논란에 휩싸였었다. 2017년 '여성환경연대'라는 단체에서 강원대 김만구 교수의 연구팀 에게 10종의 생리대의 유해물질 관련 연구를 의뢰했고, 이 과정에서 '릴리안' 제품만이 이름이 공개되면서 불매운동의 대상이 되었다.

여성환경연대는 2017년 8월 24일 서울 중구 환경재단 레이첼카슨홀에서 기자회견을 열고 릴리안 생리대를 사용한 뒤 건강 이상을 제보한 여성 3천9명의 사례 분석 결과를 발표했다.

이 단체에 따르면 제보한 여성 가운데 65.6%(1천977명)가 생리주기에 변화가 있었다고 답했다. 주기가 1~2개월 바뀌었다는 응답이 22.7%(684명)로 가장 많았고,

3개월 이상이 10.3%(311명), 6개월 이상은 12.3%(370명)였다.

전체 제보자 중 85.8%(2천582명)는 생리 양이 줄었다고 답했고, 4.3%(128명)는 늘었다고 응답하는 등 생리 양 변화도 있었던 것으로 나타났다. 응답자의 68.0%(2천45명)가 전보다 생리통이 심해졌다고 답했고, 48.3%는 피부질환이 생기거나 심해졌다고 밝혔다. 제품을 사용한 뒤 질염 등 여성 질환을 겪거나 증상이 심해졌느냐는 질문에는 55.8%(1천680명)가 '그렇다'고 답했다.[36]

한편, 깨끗한 나라에서는 부작용논란이 일어나자 2017년 8월 23일에 릴리안 전 제품을 환불 조치하였다.

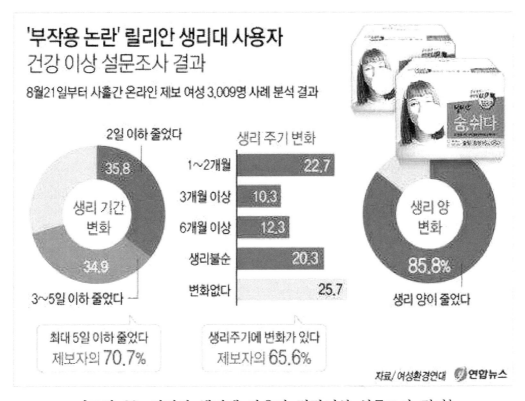

[그림 89. 릴리안 생리대 사용자 건강이상 설문조사 결과]

36) '부작용 논란' 릴리안 생리대 사용자 66% 생리주기 변화, 연합뉴스, 2017.8.24

4) P&G코리아

[그림 90.
P&G코리아 로고]

 P&G(The Procter & Gamble Company)는 미국의 대표적인 비누, 세제, 식품, 위생용품 제조업체이다. 1989년 (주)서통과의 합작으로 한국에 처음 진출한 P&G는 1992년 P&G코리아를 설립했다. 한국피앤지의 주요연혁은 다음과 같다.

[표 14. 한국피앤지 주요연혁]

연도	내용
1992.5	- 종이기저귀 및 위생용 종이제품 제조, 판매목적으로 설립
1992.5	- 일본국 피앤지파이스트사 전액출자로 한국피앤지제조(주)으로 설립(납입자본금:135억원)
1992.5	- 경기 평택시 지제동 50번지 지점 설치
1992.7	- 한국피앤지산업(주)로 상호변경
1994.1	- 평택지점 폐지
1995.12	- 한국 피앤지(주)를 흡수합병하여 상호를 한국피앤지(주)로 변경
1998.11	- 사업목적에 영화수입 판매업 등을 추가
2009.11	- CC Korea 흡수합병
2010.2	- 웰라 Korea 흡수합병
2013.1	- 웰라 Korea 매각
2014.9	- 원재료 및 포장재 무역업 등 사업목적 추가

▌ 여성위생용품 브랜드

① 위스퍼

 한국피앤지의 대표 브랜드는 '위스퍼'이다. 위스퍼는 1989년도에 런칭된 이래로 꾸준한 판매율을 보이고 있다. 주요 내력으로는 국내최초로 1989년도 드라이 메쉬 커버 출시, 1989년도 날개가 부착된 생리대 출시, 1995년도 손쉽게 탈착이 가능한 원터치 기법 도입, 2008년도 흡수력 인식을 강화시켜주는 파란 세이프티존 제품 출시, 2010년도 에어드라이시트 제품 출시가 있다.

주요 제품으로는 세계최초의 플렉스 메모리폼 생리대인 '위스퍼 코스모', 순면감촉 커버 제품인 '위스퍼 피부애', 빠른 흡수율을 강조한 '위스퍼 보송보송' 천연소나무 재질함유로 냄새완화를 위한 제품 '위스퍼 리프레쉬'가 있다. 팬티라이너 제품으로는 '위스퍼 라이너'가 있다. 탐폰 제품으로는 '탐팩스펄' 제품이 있다. 이 제품은 세계적으로 많이 팔리고 있는 제품이다.

[그림 91. 한국피앤지 '위스퍼']

하지만 위스퍼' 제조업체로 알려진 한국피앤지(P&G)가 30여년 만에 국내 생리대 시장을 정리했다. 업계에 따르면 한국피앤지는 생리대 발암물질 사태 등으로 인해 국내 시장에서 생리대에 대한 인식이 안 좋아지면서 매출에도 직격타를 맞았다.

이에 따라 지난해 말 한국피앤지는 천안 공장 위스퍼 생리대 생산 라인을 멈췄다 이후 중국에서 물량을 수입했으나 이마저도 지난 2018년 7월 수입을 멈췄다. 앞으로 위스퍼는 판매되지 않는다.

한국피앤지가 한국 시장에서 생리대 사업을 정리한 원인은 불확실한 사업성 때문인 것으로 보인다. 한국피앤지의 전체 매출중 생리대 사업이 차지하는 비중은 5%로 90% 이상을 차지하고 있는 섬유유연제와 세제 등 전체사업에 부정적인 영향을 줄 것을 우려해 이와 같은 선택을 한 것이다.

또한, 국내에서 생리대 발암물질 이슈가 연이어 터졌고, 이후 방사능 생리대 파문까지 일면서 국내 생리대에 대한 이미지는 날로 추락했다. 이로 인해 생리컵이나 면생리대가 대안제품으로 급상승하면서 국내 생리대 매출에 악영향을 준 것으로 보인다.

한국피앤지는 섬유유연제 다우니와 면도기 질레트 등에 주력하겠다는 입장을 전했다.

5) 하우동천

하우동천은 2009년에 대표 최원석에 의해 설립된 여성청결제 전문기업 주식회사
이다. 하우동천은 외음부 세정용 제품인 여성청결제 '질경이'를 제조 및 판매하는
기업이다. 여성 청결제 국내 시장 규모는 약 340억원이며, NS홈쇼핑, CJ오쇼핑 등
홈쇼핑 방송을 통해 큰 폭의 매출 신장세를 나타내고 있다.

최근에는 질경이가 드럭스토어 판도라에 입점하게 되면서 질경이의 유통채널을
확대하게 되었다. 전국 약국을 비롯해 TV홈쇼핑, 편의점 세븐일레븐, 드럭스토어
롭스와 왓슨스 등에 입점해 있어 더 많은 소비자들에게 쉽게 다가갈 수 있게 되었
으며, 상반기 여성청결티슈, Y존미백크림, 생리대 등 신제품 출시를 앞두고 있다.
여성청결제 '질경이' 단일 제품으로 성공 이후 추가적인 매출 신장에는 다른 제품
이 필요하기 때문이라고 판단된다.

하우동천은 지속적인 R&D 투자를 통해 항생제 없는 질염치료제 'HUDC_VT' 개
발을 진행하고 있다. 항생 물질에 대한 내성, 알러지 반응, 높은 재발율 등 한진균
성 질염치료제의 문제점이 대두되면서 현재 전임상 IN-VIVO 실험 완료,
IN-VITRO 실험 완료, 제제연구가 완료되었다.

2015년 10월 질염치료제 임상 2상을 식약처에 승인받았으며, 2016년도부터 총 3
개 병원(강남차병원, 고대병원, 미즈메디병원)에서 임상 2상을 진행하였고 2016년
5월 23일 임상 2상중 1단계를 완료했다. 임상 2상 중 1단계는 투여 후 안전성을
확인하는 것이 목적이다. 하우동천은 3개 병원에서 75명의 질염 환자를 대상으로
활력징후 및 신체검사, 실험실적 검사, 이상반응에 대해 확인했다. 그 결과, 무항
생제 질염치료제 투여 시 안전성에 문제가 없는 것으로 판단돼 임상 2상 1단계를
완료하고 이어 2단계를 시작했다.

임상 2상 2단계는 1단계가 완료된 다음 날인 2016년 5월 24일부터 환자 등록을
진행 하였으며 임상시험용의약품의 효과와 효능, 부작용 여부 등을 평가할 예정이
다.[37] 다음은 ㈜하우동천의 주요 연혁을 표로 정리한 것이다.

---

37) 여성청결제 전문기업 ㈜하우동천, 무항생제 질염치료제 임상 2상 시험 1단계 완료 '안전성' 확인, 서
울경제, 2017.6.12

[표 15. 하우동천 주요연혁]

연도	내용
2009	- ㈜하우동천 설립
2010	- **여성청결제 '질경이' 출시**
2012	- 국내 특허등록(질염예방 및 치료용 조성물) - 질경이 상표 등록
2013	- 중국 특허 등록 - 전국 약국 입점
2014	- 홍콩 특허 등록, 뉴질랜드 특허등록, 러시아 특허 등록 - 아마존 입점 - **2014 대한민국 우수특허대상 선정**
2015	- 공장성립(한국) - 멕시코 특허등록, 호주 특허 등록 - NS홈쇼핑 론칭, CJ오쇼핑 론칭
2016	- 롯데홈쇼핑 론칭 - 필리핀 특허 등록, 미국 특허 등록
2017	- 싱가포르 수출, 일본 특허 등록, 러시아 특허 등록
2018	- 옥수수 천연 섬유 커버 마음 생리대 출시 - 질경이 인도네시아 무이(MUI)할랄 인증 획득 - 자회사 ㈜엔퓨리 소규모 합병 - ㈜하우동천 → ㈜질경이 사명 변경 - 동아제약 파트너쉽 체결
2019	- 남성청결제 론칭

▮ 여성위생용품 브랜드

① 질경이

하우동천의 대표적인 상품은 '질경이'이다. 여성청결제와 여성세정제의 종류가 있고 알약 형태로 되어있는 것이 일반적이다. 사용방법은 7일 간격으로 1회에 2알씩 사용하며, 세정 시 온수에 용해시켜 사용하면 된다.

매일 사용할 수 있는 여성청결제 제품으로 젤타입, 폼타입으로 사용할 수 있는 '질경이 데일리 에코아 워시 젤'과 '질경이 데일리 에코아 워시 폼' 제품도 출시했다.

[그림 92. 하우동천 '질경이' 제품]

■ 하우동천의 사업배경

최원석 하우동천 대표가 여성청결제를 개발해야겠다고 결심한 건 아내 때문이었다. 질염으로 고생하는 아내를 도우려고 질염에 대해 알아보다가 여성에게 흔한 질병이라는 사실을 알게 됐다. 최 대표는 "여성에게는 감기처럼 흔한 질환인데도 밖으로 드러내기 껄끄러워 혼자서 끙끙 앓는 사람이 많았다"고 했다.

4년간의 연구개발 끝에 2010년 여성청결제 '질경이'가 탄생했다. 하우동천은 유익균에 초점을 맞췄다. 건강한 여성의 질은 유해균이 활발하게 활동하기 어려운 약산성 상태다. 유익균은 산성물질을 만들어내 이 상태를 유지해주는 역할을 한다. 유익균의 균형을 맞춰주면 유해균의 활동을 억제하는 자정작용이 이뤄지는 셈이다. 하우동천은 이런 원리에 착안해 질경이를 개발했다.

최 대표는 사업 초기에 온라인으로 판로를 개척했다. 고객들에게 제품에 대한 의심을 풀어주기 위해 직접 고객상담 전화를 받았다. 짧게는 30분, 길게는 1시간이 넘기도 했다. 온라인 홈페이지에 올라온 제품 문의나 구매 후기 글에도 댓글을 달았다. 그는 "여성청결제는 입소문이 중요하다고 생각했다"며 "고객들이 질경이를 신뢰하고 재구매할 수 있도록 최선을 다했다"고 설명했다.

입소문을 타고 질경이 매출은 해마다 두 배씩 늘었다. 첫해 4억원이던 매출은 지난해 113억 원이 되었다. 재구매율은 66%에 달했다. 2015년 7월 TV 홈쇼핑 판매를 시작한 이후 33차례 완판 기록을 세웠다.(17년 5월기준) 2016년부터는 중국, 미국, 필리핀, 싱가포르, 일본으로 질경이를 수출하고 있다.[38]

2019년, 국내 여성청결제 1위 브랜드 질경이가 노하우를 바탕으로 남성청결제 라인을 새롭게 론칭했다. 질경이는 남성청결제 '매너맨 워시 젤 바이 질경이'를 롯데홈쇼핑을 통해 첫 선을 보였다.

---

38) "아내 위해 만든 여성청결제…미국·중국·일본서도 '여심' 잡을 것", 한국경제, 2017.5.17

질경이의 남성청결제는 '남자가 깨끗해야 여자가 건강하다'는 메시지를 담은 제품으로 여성의 건강한 아름다움을 응원하는 질경이의 브랜드 철학으로 탄생했다. 습하고 밀폐된 환경에 노출돼 예민한 시크릿존 피부를 촉촉하게 관리해 당당하고 매너 있는 남성이 되자는 의미를 담아 제품명을 '매너맨 워시 젤 바이 질경이'로 정했다.

해당 제품은 젤 타입의 워시형 남성청결제로 남성 시크릿존의 피부 보습 개선 및 온도 감소, 냄새 완화에 도움을 주는 제품이다.

수분 공급을 돕는 3중 히알루론산과 피부 보호 조성물 특허 성분인 BSASM, 오크라 열매 추출물을 함유해 피부에 보습감을 부여한다. BSASM은 병풀 추출물,호장근뿌리 추출물,황금 추출물,로즈마리잎 추출물 등9가지 성분들이 배합된 복합 자연 유래 성분으로 피부 자극을 진정시켜준다.[39)]

[그림 93. 질경이 남성청결제 제품]

---

39) 질경이, 남성청결제 시장 진출/파이낸셜뉴스, 박소연

6) 동아제약

[그림 94. 동아제약 로고]

동아제약은 동아쏘시오그룹의 자회사로 자양강장제 박카스D, 의약품 자이데나 등을 생산하는 제약업체이다. 2013년 3월 1일 동아제약은 인적분할을 단행하여 사업부문을 담당하는 지주회사로 존속법인인 동아쏘시오홀딩스를 출범시키고, 전문의약품(ETC) 사업부문을 담당하는 동아에스티(주)와 일반의약품(OTC) 사업부문을 담당하는 동아제약(주)을 분할신설회사로 설립하였다.

주요 사업은 전문의약품 및 일반의약품의 제조와 판매이다. 연결대상 종속회사로 (주)수석, (주)수석농산, 용마로지스(주), 에스티팜(주), DA인포메이션(주), (주)인더스파크 등의 국내 기업과 말레이시아 현지법인(DPA Limited, DPB Limited)이 있다.

다음은 동아제약의 주요연혁을 표로 정리한 것이다.

[표 16. 동아제약 주요연혁]

년도	내용
1949년 8월 9일	- 설립
1959년	- 일본 명치제약(주)과 기술제휴, 광범위 항생제 가나마이신 생산
1963년 11월	- 종합 자양강장제 '박카스D' 생산
1970년	- 자본금을 7억 5000만 원으로 증자, 한국증권거래소에 주식상장
1973년	- 안양에 식품공장 준공
1976년	- 동아라미화장품(주)에 출자
1977년	**- 국내 최초의 체내형 생리대 '템포' 출시**
1978년	- 연합유리를 인수, 동아유리공업(주)으로 상호 변경
1979년	- 식품 사업부를 분리하여 동아식품(주)을 설립
1981년	- '박카스D'를 미국에 처음 수출
1985년	- KGMP(우수의약품제조 및 품질관리기준) 공장 적격

	1호 지정됨
1991년	- '박카스F' 신발매 - 동아데이타시스템(주) 설립
1995년 11월	- 항암제 신물질 DA-125로 유럽특허청(EPO) 특허 획득
2001년 3월	- 화장품생산 사업부 발족
2002년	- 위염치료제 '스티렌'의 시판 허가 취득, 제약업계 최초로 매출액 5000억 이상 달성
2008년	- 제약업계 최초로 매출액 7000억 이상 달성
2010년	- GSK(글락소스미스클라인)와 포괄적 사업 협약 체결
2011년	- 제약업계 최초 매출 9,000억원 달성 - 자사 개발 3호 신약 천연물 위장관운동촉진제 Motilitone(모티리톤) 출시
2012년	- 동아팜텍 코스닥 상장
2013년	- DA-7218 (Tedizolid) 글로벌 ABSSSI 임상 3상 완료 - '가그린 1회용 스틱형' 출시 - '비겐크림톤 리뉴얼' 출시
2014년	- '해리치 베다셀TM 헤어 프로그램' 출시 - 국내 최초 동충하초 건강기능식품 '동충일기' 출시
2015년	- 렌즈 클리닝 티슈 '안경닦기' 출시 - 종합소화제 '베나치오 세립' 출시 - 박카스, 연 매출 2,000억 원 돌파
2016년	- 키자니아 부산에 '가그린 치과' 오픈 - 4회 연속 CCM(소비자중심경영) 인증 획득 - 모닝케어 강황S 출시
2017년	- 구강청결제 '가그린 라임' 출시 - 한국광고홍보협회와 산학협력 양해각서 체결 - 소비자 맞춤 아이디어 공유 플랫폼 '동아 IF' 오픈
2018년	- 웅진릴리에뜨와 원료 공급에 관한 사업협력 양해각서 체결 - 안구세정제 아이봉 발매 2주년 및 100만개 판매 돌파 기념 '아이봉 미니' 출시 - 어린이 감기약 '챔프 노즈 시럽' 출시
2019년	- 베트남 정부와 사전피임약 수출계약 체결 - 지놈앤컴퍼니와 health&beauty 제품 공동개발 업무협약 체결 - 효과 빠른 액상 진통제 '원큐'시리즈 3종 발매 - 한국소비자학회 선정 '소비자대상' 수상 - 대학생 선호도 1위 제약 기업 선정 - 유기농 100% 순면커버 '템포 내추럴 순면라이너' 출시

동아제약은 1977년 국내 최초의 체내형 생리대 '템포'를 출시했다. 하지만 보수적인 사회 분위기와 여성들의 거부감으로 기대만큼의 성과를 거두지는 못했다. 이후 동아제약은 제품 개선과 지속적인 홍보로 브랜드 유지에 힘썼다.

그 결과 동아제약 '템포'는 탐폰시장의 성장을 이끈 제품으로 자리 잡았다. 동아제약의 템포는 2009~2015년 7년 연속 체내형 생리대 시장 1위를 차지했다. 시장 점유율도 2015년 기준 58%(매출 74억 원)에 달했다.

▌여성위생용품 브랜드

① 템포

'템포'는 국내 여성들의 사회 진출이 늘어나던 1977년에 동아제약에서 출시한 국내 최초의 체내형 생리대 브랜드이다. 국내에선 탐폰(체내형 생리대)의 인지도가 낮은 편이어서 '탐폰'과 '템포'를 헷갈려 하는 사람들도 꽤 있다.

처음 '템포'가 출시 됐을 당시에는 보수적인 사회 분위기와 여성들의 거부감으로 기대만큼의 성과를 거두지는 못했다. 이후 동아제약은 '자유로운 활동성', '티나지 않는 스타일' 등 체내형 생리대의 특장점을 소비자들에게 꾸준히 어필했다. 100% 순면 흡수체를 적용하고 어플리케이터(흡수체 감싸는 용기), 흡수체, 개별 포장지를 3중 멸균 처리하는 등 제품도 개선했다. 생리량에 따라 레귤러, 슈퍼 등으로 세분화해 선택의 폭을 넓히고, 미국 텍사스산 유기농 순면 원단으로 만든 '템포 내추럴'로 라인업을 확장하기도 했다.

그 결과 '템포'는 국내 탐폰제품 브랜드 1위를 차지하고 있다. '템포'는 닐슨소비자조사결과 2009~2015년까지 7년 연속 탐폰부문 1위를 차지했다.

[표 17. 동아제약 템포 연혁]

연도	내용	사진
1977	국내 최초로 탐폰형 생리대 템포 발매	
1988	제품 개선과 지속적인 홍보로 탐폰형 시장의 90%이상을 차지하는 국내 1위 브랜드	

1998	어플리케이터 재질 변경	
2000	제품개선작업 제품 및 Package 디자인 변경	
2001	One touch 타입으로 개선	
2005	제품개선작업 제품 및 Package 디자인 변경	
2006	'슈퍼'제품 발매 : V-cutting 도입	
2008	순면 100% 흡수체 뉴템포 출시	
2011	뉴템포 Package 디자인 변경	
2014	텍사스산 유기농 순면 100% 흡수체 템포 에코 내추럴 출시	

2017	템포 디자인 변경	
2019	템포 내추럴 순면라이너 출시	

7) 웰크론헬스케어

[그림 96. 웰크론헬스케어 로고]

'㈜웰크론헬스케어'는 극세사 클리너, 산업용 와이퍼, 기능성 스포츠용품을 비롯한 특수직물 및 기타 직물 직조업체이다. 주요 사업은 고기능성 극세사 섬유를 이용한 산업용, 생활용 섬유제품 제조, 복합방사 방식의 나노섬유를 이용한 부직포 필터여제 제조, 위생용품 제조, 방위산업 관련 품목의 제조, 가공, 판매 및 수출입 등이다. 계열 회사로 ㈜예지미인 외에 ㈜한텍엔지니어링이 있다.

㈜예지미인은 2002년 국내 최초 한방생리대를 개발한 위생용품 브랜드이다. 예로부 터 내려오는 전통의 한약처방에 현대의 첨단 기술을 결합시킨 차별화된 여성용품 개 발로 많은 소비자들에게 사랑을 받으며 성장해왔다. 순수 국내 브랜드로써 미국, 일 본, 중국, 말레이시아, 싱가포르, 타이완, 뉴질랜드, 인도네시아 등 10여 개국에 수출 하고 있다.

다음은 ㈜웰크론헬스케어의 주요연혁을 표로 정리한 것이다.

[표 18. 웰크론헬스케어 주요연혁]

연도	내용
1992년 5월 27일	- ㈜은성코퍼레이션 설립
2000년	- 미국 3M과 물품 독점공급 계약 체결 - 부설 기술연구소 설립 - 레인보우통상(주)를 인수합병하고 품질보증업체로 지정
2001년	- 벤처기업에 지정
2002년	- 극세사 목욕용품이 세계일류상품에 선정
2003년	- 코스닥에 상장, ISO9001 및 ISO14001인증 취득 - 산업자원부의 부품소재기술상 - 중소기업대상 대통령 표창
2005년	- 충청북도 음성군에 제2공장을 준공
2006년	- 청소용 극세사 섬유제품이 세계일류상품에 선정
2007년	- ㈜예지미인을 인수 - ㈜웰크론헬스케어 사명 변경
2010년	- 지식경제부로부터 WPM(세계 10대 핵심소재) 개발기업으로 선정
2011년	- 철탑산업훈장 수상
2012년	- 베트남 소재 WELCRON GLOVAL VINA 인수
2016년	- 예지미인 순슬림 오버나이트 출시 - 예지미인 여성청결티슈 출시 - 예지미인 마스크팩 출시
2017년	- 예지미인x바바파파 캐릭터 콜라보 제품 출시
2018년	- 예지미인 "그날엔 순면 유기농" 신제품 출시
2019년	- 예지미인 생리대 패키지 전면 리뉴얼 - 한팩당 81개 들어있는 대용량 가성비 라이너 `데일리코튼` 출시
2020년	- 예지미인, 하루좌훈 쑥찜질패드 새단장 - 건강한 나의 예지미인 출시 - 소비자 중심경영 CCM 인증 획득

▌ 여성위생용품 브랜드

웰크론헬스케어의 여성용품 브랜드는 '예지미인'이다. 예지미인은 국내최초 한방생리대를 개발한 브랜드이다. 2017년 2월에는 프랑스 국민 캐릭터 '바바파파'와 콜라보레이션을 한 제품을 출시하였다. 여성생리대외에도 여성청결제와 생리 시 배를 따뜻하게 해주는 핫팩 제품도 판매하고 있다.

[그림 97. 웰크론헬스케어 '예지미인' 생리대제품]

[그림 98. 웰크론헬스케어 '예지미인' 여성용품]

[그림 99. 예지미인 × 바바파파 콜라보레이션]

웰크론헬스케어의 여성용품 브랜드 예지미인은 브랜드 론칭 후 첫 캐릭터 콜라보레이션을 진행, 전 세계적으로 사랑받는 프랑스 캐릭터 '바바파파(BARBAPAPA)'와 함께한 제품을 선보였다. (2017년 2월) 캐릭터 콜라보레이션은 여성용품으로는 이례적인 시도로, 예지미인이 소비자들에게 친근하고 재미있게 다가가기 위해 기획됐다. 바바파파는 따뜻한 스토리를 가진 컬러풀한 캐릭터로 특히 유럽에서 인기가 높다.

'그날엔 순면 바바파파'는 비닐 포장된 기존 생리대 패키지와 달리 보관함 겸용 박스 패키지에 사랑스럽고 귀여운 바바파파 캐릭터가 더해진 형태로, 생리대를 깔끔하게 보관하고 간편하게 뽑아 사용할 수 있다. 생리대 보관함을 따로 구매할 필요가 없어 경제적이며 박스포장은 수축필름으로 2중 포장해 유통, 배송 중 외부 이물질이 들어갈 우려가 없어 안심하고 사용할 수 있다. 생리대뿐만 아니라 생리 기간 중 몸을 따뜻하게 유지할 수 있도록 돕는 '매직핫팩'도 바바파파 캐릭터 패키지로 탄생했다.

예지미인 관계자는 "로고 중심의 전통적인 여성용품 패키지 디자인에서 벗어나 소비자들의 시선을 사로잡는 깜찍한 캐릭터를 앞세움으로써, 감추기 급급했던 여성용품에 대한 시각에 변화를 주고자 했다"며, "사랑스럽고 밝은 이미지의 바바파파 캐릭터와 사용편의를 높인 이번 제품이 키덜트족뿐만 아니라 여성들의 마음을 사로잡을 것으로 기대한다."고 말했다.[40]

---

40) 웰크론헬스케어, 예지미인 '그날엔 순면 바바파파 에디션' 출시, 스포츠조선라이프, 2017.2.6

[그림 100. 건강한 나의 예지미인 출시]

2020년, 웰크론헬스케어의 여성용품 브랜드 '예지미인'이 프리미엄 한약성분 함유생리대 '건강한 나의 예지미인'을 출시했다.

건강한 나의 예지미인은 한약성분 함유 생리대 '건강한 예지미인'을 리뉴얼한 제품이며 건강한 예지미인은 2002년 출시된 이래 누적판매 2500만 팩을 기록한 예지미인의 대표 생리대다. 이는 중국, 베트남, 싱가포르, 미국 등 해외 10개국에서 판매된 바 있다.

리뉴얼 출시되는 건강한 나의 예지미인은 '소중한 당신을 위한 건강한 습관'을 슬로건으로 내세우고, 여성의 건강을 생각한 100% 국내산 한약 성분 5가지를 함유해 향긋한 오리엔탈 허브향으로 그 날의 민감한 냄새 걱정까지 덜어주는 제품이다.

웰크론헬스케어 사장은 "국내 최초 한약성분 함유 생리대의 원조인 '건강한 나의 예지미인' 리뉴얼 출시를 계기로 한방 제품의 대중화에 앞장섬은 물론, 여성의 건강을 지키는 브랜드로 시장을 선도해 나가겠다"고 말했다.

건강한 나의 예지미인은 사용 목적과 시기에 따라 생리대(중·대형), 라이너(일반·롱), 슈퍼롱 오버나이트의 라인업으로 구성돼 판매되고 있다.[41]

---

41) 예지미인, '건강한 나의 예지미인' 출시

8) 지앤이바이오텍

[그림 101. 지앤이바이오텍
한나패드' 로고]

'지앤이바이오텍'은 장영민 대표가 2005년에 설립한 면생리대 제품을 파는 중소기업이다. 생리대유해물질 파동의 여파로 대안 생리대에 대한 소비자의 관심이 높아지면서 매출이 급격히 성장했다. 대표적인 브랜드는 한나패드이다. 한나패드는 6가지 사이즈와 다양한 패턴을 활용한 친환경 면생리대 제품을 판매하고 있다.

2017년 하반기부터 한국을 비롯하여 일본, 호주, 뉴질랜드, 프랑스, 미국, 캐나다, 필리핀, 남아프리카공화국, 싱가폴에 판매되고 있다.

한나패드는 겉면뿐만 아니라 흡수면까지 유기농 원단을 사용하고 있다. 한나패드에서 사용하는 유기농 면은 OCS(Organic Content Standard)라는 국제 인증 기준을 받았다. OCS는 기존의 OE(Orhanic Exchange) 인증을 대신하여 2013년부터 유기농 완제품을 위한 평가 기준으로써, 현재 전 세계 국제 인증기관들에서 사용되고 있다.

지앤바이오텍의 대표 브랜드는 '한나패드'이다. 한나패드는 다양한 사이즈의 면생리대는 판매하고 있다. 개별 또는 세트상품으로도 판매하고 있다. 면생리대 세탁에 필요한 세탁용품도 판매하고 있으며, 에코백, 파우치 제품도 판매하고 있다. 세탁용품, 생리대, 파우치를 세트로 구성한 상품도 판매되고 있으며 가격은 10만 원대이다. 패키지에는 초경선물패키지, 일주일패키지, 시작패키지 등의 상품이 있다.

[그림 102. 지앤이바이오텍 '한나패드' 제품]

㈜지앤이바이오텍의 장영민 대표는 2015년도에 전 아동·청소년·장애인 등 사회적 약자들이 공동으로 생활하는 '그룹홈'을 알게 된 후 기부에 눈을 떴다. 이후 국내 보육원과 동남아 등에 면 생리대를 조금씩 기부해왔으나, 지난해 생리대를 사지 못해 학교에 못 갔다는 여학생의 안타까운 이야기가 전해지면서 기부 문의가 쇄도하자 본격적으로 기부 활동을 전개하기로 마음먹었다.

2016년 여름 다음 스토리펀딩에서 처음 진행한 나눔프로젝트 때는 1천606건의 후원을 통해 5천100만여 원이 모였다. 2017년 초 끝난 2차 프로젝트 때는 231건의 후원을 받아 300만여 원을 모았다.

장 대표는 면 생리대를 기부하는 데 그치지 않고 그룹홈에서 일을 도와주시는 어머니와 지역아동센터의 지도교사 등에게 사용법 등을 전수해 여학생·여성들이 좀 더 편하게 면 생리대를 사용할 수 있게 했다. 장 대표는 홈페이지를 통해 요청하는 저소득층·한부모 가정·미혼모에게 계속 생리대를 지원하는 한편 면 생리대를 알리면서 사회공헌을 하는 다양한 방안을 모색하고 있다.

2016년에는 디자인브랜드 '마리몬드'와 손잡고 위안부 할머니의 삽화작품을 디지털화해 한나패드에 적용한 후 판매금을 기부하기도 했다.42)

---

42) "1회용 생리대 때문에 생명의 고귀한 과정이 평가절하 됐다", 연합뉴스, 2017.2.6

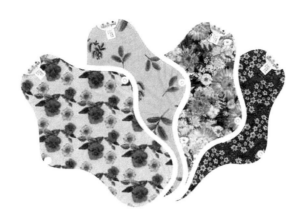

[그림 103. 위안부할머니들의 삽화가
적용된 한나패드]

9) 이지앤모어

EASE & MORE

[그림 104. 이지앤모어 로고]

이지앤모어는 2015년 설립된 소셜벤처기업이다. 이지앤모어는 비싼 생리대 가격을 감당하지 못해 생리대 대신에 신발 깔창, 휴지, 양말 등을 사용하고 있는 저소득층 여성 청소년들의 이야기를 세상에 알리기 위해 시작되었다. 이지앤모어는 여러 업체의 여성위생용품을 판매하여 기부금을 모아 저소득층을 지원하는 형식으로 운영되고 있다.

이지앤모어는 다양한 월경용품에 대한 정보를 제공하고 경험을 공유하며 여성들이 자신에게 맞는 월경용품을 선택할 수 있도록 도와주며 구매, 리뷰작성 등 이지앤모어 안에서의 꾸준한 활동으로 인해 기부포인트가 적립되게 함으로써 생리대를 구매하지 못해 어려움을 겪고 있는 저소득층 여성들을 지원하고 있다.

이지앤모어는 2017년 4월에서 5월까지 크라우드펀딩 대표기업 '와디즈'에서 월경컵 출시 허가를 위해 '블랭크 컵 프로젝트'를 진행하여 와디즈 펀딩 성공하였다. 이후 7개월 만에 식품의약품안전처로부터 국내 최초의 생리컵 품목허가를 획득했다.

■ 블랭크 컵 프로젝트 (2017.4.5.~2017.5.14)

이지앤모어는 여성들이 다양한 월경 용품을 선택할 수 있도록 월경컵 국내 도입을 위한 '블랭크 컵 프로젝트'를 와디즈에서 진행, 약 2,600명의 서포터들의 성원을 받아 목표금액을 초과 달성해 약 5,920만원을 모으며 성공적으로 펀딩을 종료한 바 있다.

'블랭크 컵 프로젝트'는 당당한 월경 문화를 선도하기 위해 월경컵을 알릴 수 있는 핸드폰 케이스와 일러스트 스티커, 클러치와 월경컵을 보관할 수 있는 파우치 세트를 리워드로 제공하고 수익금을 월경컵의 안정성 및 독성 검사, 임상실험 등에 사용했다.

이후 이지앤모어는 '블랭크 컵 프로젝트' 성공 이후, 2017년 12월 7일 식약처로부터 월경컵 국내 제조 및 판매를 위한 허가를 획득했으며, 2018년 상반기 와디즈 펀딩을 통해 자사 기술력으로 제조한 블랭크 컵을 출시할 예정이다. 이에 앞서 이지앤모어는 자사 제품 출시에 소요되는 시간과 비용을 고려해 보다 효율적으로 국내 월경컵 시장을 형성하고자 미국 펨캡의 월경컵 '페미사이클'의 제품을 단독 수입해 2018년 1월말에 론칭할 예정이다.

 이지앤모어 안지혜 대표는 "국내 여성들의 92%가 사용하는 일회용 생리대의 유해성 논란에도 월경 용품의 다양성이 보장되지 않아 어쩔 수 없이 일회용 생리대를 사용하는 악순환 고리를 끊고자 국내 첫 월경컵 도입을 위해 와디즈 펀딩에 도전했다"며, "이지앤모어의 블랭크 컵을 시작으로 여성들에게 다양한 선택권을 제공하기 위해 앞장서는 것을 물론, 저소득층 여성들을 위한 지속 가능한 월경용품 지원 서비스 개발에도 노력을 기울일 것"이라고 전했다.

[그림 105. 이지앤블랭크컵 프로젝트 이미지]

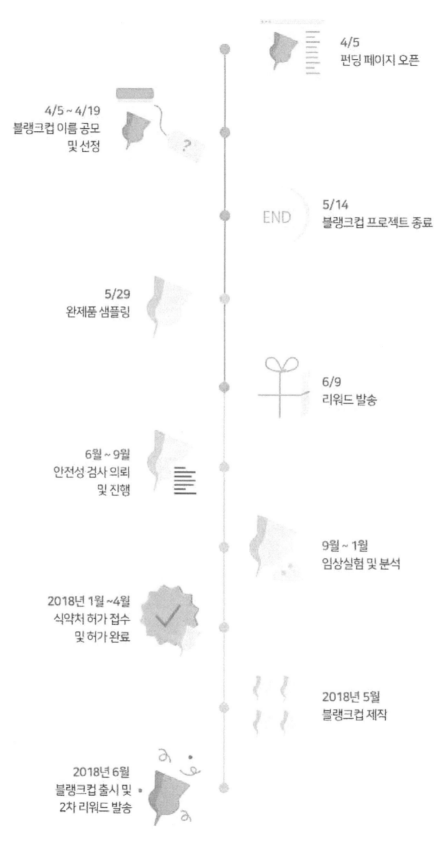

4/5
펀딩 페이지 오픈

4/5 ~ 4/19
블랭크컵 이름 공모
및 선정

5/14
블랭크컵 프로젝트 종료

END

5/29
완제품 샘플링

6/9
리워드 발송

6월 ~ 9월
안전성 검사 의뢰
및 진행

9월 ~ 1월
임상실험 및 분석

2018년 1월~4월
식약처 허가 접수
및 허가 완료

2018년 5월
블랭크컵 제작

2018년 6월
블랭크컵 출시 및
2차 리워드 발송

[그림 106. 이지앤모어 블랭크 컵 프로젝트 예상스케줄]

Special Report

VIII. 결론

8. 결론

 시대가 변하고 여성들의 사회진출이 활발히 일어나면서, 여성들은 자신의 목소리를 보다 적극적으로 표출하고 있다. 여성위생용품시장의 경우에도 이러한 변화를 적극적으로 받아 들여야 한다.

 2017년 하반기에 일어난 생리대 유해물질 파동 논란의 경우에도 여성들이 '자신이 사용하는 생리대가 과연 안전한가?'라는 의문에서 시작한 것이었다. 여성환경연대에서 안전성 검사를 제기한 10종의 생리대 결과에 대하여 식약처는 "생리대에 존재하는 VOCs 10종의 인체 위해성을 평가한 결과, 최대 검출량을 기준으로 해도 인체에 유해한 영향은 없었다."고 설명했다.

 그러나 생리대에 대한 여성들의 불감증은 가시지 않았고, 결국 대안 생리대에 눈길을 돌리는 현상이 일어났다. '면생리대'와 '생리컵'이 대표적인 대안생리대로 관심을 끌었다.

 면생리대가 주목 받으면서 면생리대 사업을 운영하던 국내의 한 소기업은 생리대 파동으로 주문량이 폭주하는 상황을 맞이했다. 또한 마트나 드럭스토어에서 면생리대 제품 코너는 품절사태가 일어났다.

 생리컵은 이미 해외에서는 시장이 형성되어 사용이 많이 이루어지고 있었다. 반면 국내에서는 생리대 파동이후 인지도가 생겼다. 그리하여 2017년 12월경에 해외 생리컵의 수입허가가 처음으로 허용되었다. 비슷한 시기에 국내에서는 한 소셜벤처기업에 의하여 식약처로부터 최초로 생리컵 품목허가를 획득하였다.

'생리대 유해물질 검출 사건' 이후 국내 생리대에 대해 신뢰가 떨어지고, 안전성에 대한 소비자들의 경각심이 커지면서 생리대 시장에 큰 변화가 생겼다. 대기업이 주를 이뤘던 생리대 시장에서 다양한 중소기업들이 영역을 넓히고 있는 것이다. 또한 유기농 생리대가 트렌드로 자리 잡으면서, 아예 면 생리대만을 추구하는 소비자의 성향도 변하고 있다.

2016년 국내 생리대 시장점유율은 유한킴벌리(57%), 엘지유니참(21%), 깨끗한나라(9%), 한국P&G(8%)로 4개 대기업체가 약 95%를 차지하고 있는 구조였다. 지난해 하반기(9~10월)에도 유한킴벌리(57.6%)와 엘지유니참(27.1%)이 시장점유율 1,2위를 기록했다.

그러나 시장조사업체 칸타월드패널에 따르면 지난 1분기 기준 4개 업체의 점유율은 약 73%로 감소했다. 또한 지난 6일 생리대 브랜드 '위스퍼'를 생산해오던 한국P&G은 국내 진출 이후 30년 만에 생리대 사업 철수를 결정했다. 1990년대 까지만 해도 위스퍼가 생리대 시장의 강자로 군림했었다. 이후 유한킴벌리의 '좋은느낌', LG유니참의 '바디피트' 등 후속 주자들이 무섭게 등장하며 시장점유율 감소에 따른 사업성 약화가 원인으로 보인다.

생리대 주요 업체의 점유율이 감소한 만큼 유기농 생리대 등을 앞세운 중소기업들의 설 자리는 넓어졌다. 식품의약품안전처에서 올해 발표한 국정감사 자료에 따르면 '최근 3년간 생리대 생산실적' 중 생리대 생산 상위 5개 업체(4개 업체·웰크론헬스케어)의 지난해 생산실적은 전년 대비 15.6% 줄어든 것으로 나타났다. 이에 한국P&G의 생리대 시장 전격 철수를 발표한 가운데 기존 대형사에서 떨어져나간 시장 점유율은 앞으로 더 하락할 것으로 보인다.

2018년 12월 21일 관련 업계에 따르면 국내 생리대 시장의 규모는 5000억 원으로 다른 나라에 비해 순면 커버, 유기농 순면커버, 고기능성 제품의 선호도가 높은 편이다.

편의점 CU의 생리대 품목별 매출 비중을 조사한 결과 올해 1~5월 순면·유기농 제품의 매출 비중은 36.5%였다. 이는 생리대 유해물질 사건 이전인 2016년(11.8%)의 3배가 넘는 수치다. 논란이 터지기 이전인 2014년에는 전체 생리대 매출의 2.8%였고 2015년에는 10% 안팎이었다.

이 같은 생리대 선호도의 변화는 생리대 파동을 겪은 소비자들의 선택 기준이 달라지면서 발생했다. 생리대 파동이 '깨끗한나라' 대형사 제품에서 시작된 만큼 일회용 생리대에 대한 불신이 커졌고, 과거 광고에서 흔히 강조했던 '착용감'과 '흡수력'대신 '안전성'을 생리대 최우선 가치로 두게 된 것이다.

꾸준한 연구와 실험으로 여성의 안전성을 보장하는 제품의 개발이 가장 큰 숙제 일 것이다. 한 예로 국내의 여성청결제 브랜드 '질경이'가 있다. 질경이는 4년간의 임상 실험과 연구 끝에 탄생하여 여성소비자들에게 안정성을 입증 받아 인기를 끌게 되었다. 현재 국내 여성청결제 1순위로 뽑힐 만큼 성장을 하였다.

또한 '안정성'을 충족함과 더불어 '경제성'도 중요하다. 신문기사의 통계에 의하면 여성은 평생 1만 6000개 정도의 생리대를 사용하며 이를 위해 600만 원 정도를 쓰는 것으로 분석됐다. 여성소비자는 같은 안정성이 입증된 제품이라면 더 합리적인 소비를 하길 원할 것이다. 또한 저소득층 사람들에게는 그 비용은 더욱이 만만치 않기 때문에 이를 위한 방안과 대책이 필요한 실정이다.

다음으로 '디자인'도 중요한 경쟁전략이 될 수 있다. 시대가 변하면서 여성들은 보다 당당히 여성위생용품을 소비하고 있다. 이러한 상황에서 보다 예쁘고 다양한 디자인으로 소비자의 눈과 마음을 사로잡는 전략이 주효할 것이다.

일회용생리대에서도 디자인을 이용한 마케팅을 이용하고 있다. 현재 일회용 생리대 시장은 유한킴벌리나 깨끗한나라가 시장의 90% 가량을 점유하고 있으며, 나머지 부분을 차지하고 있는 타 브랜드에서는 획일화 된 디자인에서 명화 일러스트를 삽입하거나 다채로운 컬러감을 더하는 등 시장 점유율 높이기에 나서고 있다. 통풍이나 생리혈 흡수 능력 등 기능성면에서 '예쁜 디자인'으로 소비자들의 제품 선택 폭을 넓혔다.

LG유니참의 여성용품 브랜드 '소피(SOFY)'는 최근 '레인보우 생리대'를 선보여 소비자들의 눈길을 끌고 있다. 빨주노초파남보 등 한 패키지 안에 각 생리대마다 다른 컬러를 적용해 시각적 매력까지 더한 제품이다. 생리대 제품 표면에도 음각의 하트모양 등의 패턴을 넣은 제품도 있다.

동아제약의 체내형 생리대 '템포'도 명화를 소재로 패키지를 디자인했다. 프랑스 인상파 화가 클로드 모네의 작품 '수련'을 차용해 패키지 전면에 넣어 몽환적 분위기까지 자아낸다.

웰크론헬스케어의 여성용품 브랜드 '예지미인'은 브랜드 론칭 후 첫 캐릭터 콜라보레이션을 진행, 전 세계적으로 사랑받는 프랑스 캐릭터 '바바파파(BARBAPAPA)'와 함께한 제품을 선보였다. 이러한 캐릭터 콜라보레이션은 여성용품으로는 이례적인 시도로, 예지미인이 소비자들에게 친근하고 재미있게 다가가기 위해 기획됐다.

위와 같이 안정성, 경제성, 디자인 등의 요소를 충족시키는 브랜드 개발을 통하여 국내의 여성위생용품시장이 보다 발전하고 성장하길 기대해 본다.

IX.부록: 여성위생용품 순위

9. 부록: 여성위생용품 순위

가. 해외 친환경 유기농 생리대 TOP3[43]

1) 나트라 케어(Natra care)

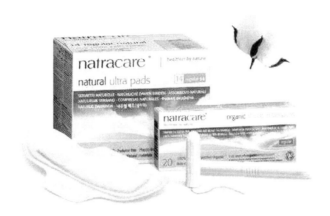

[그림 107. 나트라케어 순면 생리대]

나트라케어는 영국의 유명한 환경운동가 수지휴슨(Susie Hewson) 여사가 개발한 유기농 생리대이다. 염소계 표백제를 사용하지 않은 천연 위생 패드와 100% 유기농 순면 탐폰 생리대로 구성돼 있으며 인공향이나 인공색소 사용 또한 일절 배재했다.

또한 화학 고분자 흡수체를 사용하지 않고 100% 천연 펄프 흡수체를 사용해 과도한 흡수력으로 인해 발생하는 여성질환을 예방하고, 사용 후 90일이 지나면 생분해되는 녹말과 당분의 친환경 성분으로 제작돼 환경 보호에도 일조한다.

---

43) 천연재료 사용으로 판매량이 급증한 '유기농 생리대' 3종, 조선비즈, 2017.8.28

2) 콜만 (Corman)

[그림 108. 콜만 오가닉 천연 생리대]

콜만은 1947년 이탈리아 밀라노에서 시작돼 올해로 출시 70주년을 맞았다. 접촉성 피부염을 겪는 이탈리아 여성을 위해 100% 면으로 된 생리대를 최초로 개발한 브랜드로 유명한 콜만은 생리대에 사용되는 솜의 재배 과정부터 '유기농'을 고집한다.

세계환경기구(WWF)에 따르면 전세계 농약과 살충제의 35%가 목화솜 재배에 사용되고 있다. 콜만은 혹시나 남아있을 수 있는 농약과 살충제가 몸에 흡수되는 것을 막기 위해 합성 화학 비료를 사용하지 않은 건강한 토양에서 유전자 변형을 거치지 않은 자연 그대로의 씨앗으로 생리대를 만든다.

또한 고분자 흡수체(SAP), 불편한 착용감의 우드펄프 등을 일절 사용하지 않아 무리한 흡수와 혈뭉침이 없다. 패드의 겉면에서부터 접착면, 포장지까지 천연펄프로 만들어 자연에서 100% 생분해되기 때문에 환경보호에도 앞장서고 있다.

3) 뷰코셋 (Vuokkoset)

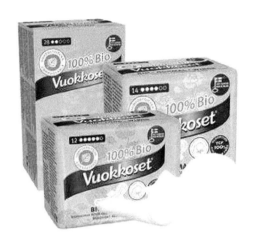

[그림 109. 뷰코셋 친환경 생리대]

1978년 핀란드의 Delipap Oy사에서 시작된 뷰코셋은 '아네모네'라는 꽃의 이름이다. 푸르고 하얀 꽃의 모습을 연상해 이름 붙였고, 생리대뿐만 아니라 아기 기저귀, 수유패드 등 다양한 위생용품을 만드는 핀란드 내의 독보적인 친환경 브랜드로 자리 잡았다.

뷰코셋 생리대는 화학처리된 고분자 흡수체 대신 천연펄프를 흡수체를 사용했으며 플라스틱 및 인공향을 일절 사용하지 않았다. 커버는 오가닉 코튼 소재를 사용해 착용감과 흡수력이 뛰어나며 포장재 역시 생분해되는 소재로 만들어 '착한 생리대'로 유명하다.

나. 전 세계 생리컵 BEST 5

전 세계 여성들이 선호하는 생리컵 베스트5를 소개하고자 한다. 세계 생리컵 리뷰&비교 사이트 'Menstrualcup Reviews'에서 선정한 생리컵 순위 BEST 5를 소개한다.

1) 루비컵 (Ruby Cup)

[그림 110. 생리컵 브랜드: 루비컵]

루비컵은 독특하게도 단 한 개의 사이즈만을 가지고 있으며 생리가 새지 않도록 훌륭하게 제 역할을 해내면서 소비자들 전반에 걸쳐 많은 사랑을 받고 있다. 루비컵의 주요 특징은 다음과 같다.

• 한 번 구매로 최대 10년까지 사용할 수 있다.
• 매우 말랑한 형태로 착용감이 매우 편하다.
• 최대 용량이 34 ml로 충분히 크다.
• 꼭지가 잡고 빼기에 매우 수월하다.
• 컵이 사용하기 매우 쉽고 편하면서 새지 않는 디자인이다.
• 많은 온오프라인 판매처를 통해 손쉽게 구매 가능하다.
• 루비컵 포장재가 생분해성으로 친환경적이다.
• 매우 여성스럽고 예쁜 루비컵 면 파우치가 포함되어 있다.
• 루비컵이 하나 판매될 때마다 개발도상국에서 생리용품이 필요한 여성들에게 루비컵 하나가 기부된다.

2) 메루나 (MeLuna)

[그림 111. 생리컵 브랜드:
메루나]

메루나는 TPE(Thermoplastic Elastomer, 열가소성 엘마스토머)를 기본 재질로 하여 모든 생리컵을 생산하고 있는 유일한 생리컵 제조업체이다.

고무나 실리콘으로 만든 생리컵과 마찬가지로, 메루나 생리컵의 기본 재질을 이루는 TPE는 상당히 많은 검증 테스트를 거쳐 그 안전성에 대해서 FDA 승인을 받았다. 메루나 컵은 이와 같이 재질에 차별을 두어 여성들에게 보다 좋은 착용감과 효율성, 보다 편안한 사용 경험을 제공하고 있다.

• 오래 쓸 수 있다- 메루나의 사용 수명은 3년까지이다.
• 매우 안전하고 여러 검증 테스트를 거쳐 FDA가 인정한 재질(TPE)로 만들었다.
• 종류가 매우 다양하다. (사이즈 8종, 색상 9종, 단단함 정도 3종, 길이 3종, 꼭지 모양 3종)
• 소독과 세척이 용이하다.
• 스포츠형은 신체 활동이 활발한 여성이 쓰기에 적합하다.

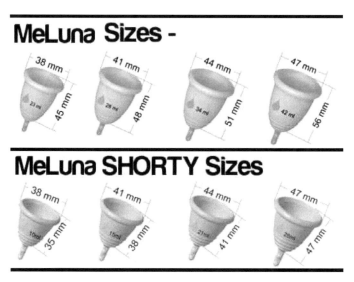

[그림 112. 메루나 생리컵 사이즈]

3) 유우키 (Yuuki)

[그림 113. 생리컵 브랜드:
유우키]

유우키 컵은 생리대와 탐폰을 대신할 수 있는 실제적 수단으로서 등장하여 큰 관심을 끌었다. 수년간 생산, 판매해 오면서 이미 팬심에 기반한 수많은 사용자층을 형성했다. 유우키 컵의 애용자들은 생리컵 중에서 그간 높이 평가되어 온 유우키 컵만한 솔루션은 없다고 입을 모아 말한다. 유우키의 주요 특징은 다음과 같다.

- 유우키 컵은 최대 10년까지 사용할 수 있다. 구입 후 4-7개월 후면 투자한 가치를 충분히 되돌려 받을 수 있다.
- 유우키 홈페이지에는 안전성에 대한 인증과 사용 방법에 대해서 자세하게 소개하고 있는데, 본래 사용 목적에 한하여 유우키 컵이 매우 안전함을 재확인해 준다.
- 편안하고 효과적인 사용 경험을 최대화하기 위해 3가지 제품 모델을 제안한다.
- 믿을 만하고 퀄리티가 높은 안전한 제품을 생산하는 것으로 업계에서 명성이 높은 회사에서 제조한다.
- 편안한 착용감, 손쉬운 사용방법, 오랜 사용 수명을 보장할 수 있도록 디자인 되어 있어서 합리적인 초기 비용으로 최고의 사용 경험과 지속적인 사용 효과를 얻을 수 있다.
- 라지(L) 사이즈 유우키 컵은 42ml의 큰 용량을 자랑한다. 장시간 사용하거나 생리양이 아주 많을 때에도 걱정 없이 사용할 수 있다.
- 유우키 클래식과 소프트 모델을 구입할 때 함께 제공되는 소독기 컵은 소독을 위한 용기로 쓸 수 있을 뿐 아니라 보관용 용기로도 사용할 수 있다.

4) 플뢰르 (Fleur Cup)

[그림 114. 생리컵 브랜드:
플뢰르]

플뢰르컵은 기본적인 둥근 형태의 컵 본체에 상당히 부드러우면서 납작한 모양을 한 꼭지가 붙어 있다. 유연성이 있으면서 딱 필요한 만큼의 단단함을 갖고 있다. 어떤 분들은 자신에게 꼭 맞는 생리컵을 이미 찾았겠지만, 여전히 많은 여성들은

"바로 이것!"이라고 부를 수 있는 그들에게 안성맞춤인 컵을 아직도 찾고 있다. 플뢰르 생리컵이 그들에게 바로 그러한 컵이 될 수 있을지도 모르겠다. 플뢰르컵의 주요 특징은 다음과 같다.

- 구매하면 10년간 사용 가능하다.
- 적정한 가격에 판매되고 있다. (너무 비싸지도 너무 저렴하지도 않다.)
- 고급 퀄리티, 내구성, 빼어난 디자인을 갖추고 있다.
- 꼭지 길이를 조절 가능하다.
- 두 가지 사이즈 제공하고 있다.(스몰, 라지)
- 충분한 용량 (25ml, 35ml)을 가지고 있다.
- 다양한 색상 선택 가능하다.
- 인증서와 자격을 갖추고 시장에서 검증된 브랜드제품이다.
- 컵을 잡을 때 미끄럽지 않다.
- 잡기에 쉽고, 편한 착용감을 줄 수 있는 피치 마감처리가 되어있다.
- 컵 표면에 인쇄된 게 없다.

   5) 러브유어바디 (Luv Ur Body)

[그림 115. 생리컵 브랜드:
러브유어바디]

 생산되는지 지역에 따라 독특하고 개별적인 특징을 가진 다양한 생리컵들이 시장에 새롭게 등장하고 있다. 러브유어바디(Luv Ur Body) 생리컵도 그러하다. 러브유어바디 생리컵은 말레이시아에서 디자인하고 개발한 이 제품은 나이지리아에서 생산하고 있다.

이 생리컵은 컵의 형태, 디자인, 색상에 있어서 나무랄 데가 거의 없으며 매우 독특하기도 하다. 출시된 지 꽤 오래 되지는 않았지만, 제품을 구입해서 사용해 본 분들은 제품에 대한 인상과 경험이 상당히 좋은 편이다. 편안함, 퀄리티, 전반적인 사용 경험, 가격 대비 가치면에서 모두 높은 평점을 받아 온 브랜드로 강력히 추천하는 제품이다.

- 2008년에 출시하여 지금까지 판매되어 온 생리컵이다.
- 사용 수명은 3년이다.
- 꽃문양 디자인이 "브랜드"에 큰 특징을 주고 있다.
- 납작한 나뭇잎 모양 꼭지를 잘라 볼타입으로 변경할 수도 있다.
- 3가지 사이즈가 있으므로 생리양이 많거나 다른 상황을 가진 분들이 골라 사용할 수 있다.
- 색상에는 단색 4종, 꽃무늬 색상 2종 (투명바탕)이 있다.
- 피치 촉감으로 컵을 부드럽게 넣고 뺄 수 있다.
- FDA와 ISO 승인을 받은 브랜드 제품이다.
- 모든 사이즈에서 용량이 조금씩 커 장시간에도 새지 않아, 생리량이 많은 여성에게 권장되는 편이다.

[그림 116. 러브유어바디 생리컵 제품들]

다. 여성청결제 국내순위 TOP5

국내 1위 뷰티 어플리케이션 '화해(화장품을 해석하다)'에서 실시한 '2020년 화해 뷰티어워드' 여성청결제 부문 TOP5 제품을 소개하고자 한다.

1) 아로마티카 퓨어 앤 소프트 여성 청결제

[그림 117. 여성청결제 부문 1위 아로마티카]

여성청결제 제품 1위는 '아로마티카 퓨어앤 소프트 여성 청결제'가 차지했다. 이 제품은 무자극·무향료의 여성청결제로써 매일 사용할 수 있는 저자극 유기농제품 이다. 아몬드오일유래 식물성 세정성분, 단델리온(민들레)추출물, 칼렌듈라추출물 등의 순한 성분들로 구성되어 저자극을 주며, 폼타입으로 되어있어 사용 시 부드 러움과 간편함을 느낄 수 있어 소비자의 만족도를 높였다.

2) 더마토리 하이포알러제닉 모이스처라이징 페미닌워시

[그림 118. 여성청결제 부문 2위 더마토리
하이포알러제닉 모이스처라이징 페미닌워시]

(주)클리오의 더마 코스메틱 브랜드 더마토리는 여성의 Y존에 적합한 PH4.8~5.8
의 젤타입 약상선 저자극 여성 청결제 '하이포알러제닉 모이스처라이징 페미닌 워
시'를 제안했다. 하이포알러제닉 모이스처라이징 페미닌 워시는 칸디다균을 비롯한
4대균에 99.9% 항균 효과를 지녀 Y존을 산뜻하고 건강하게 보호해 주는 제품이
다.

이뿐만 아니라 '쓴 쑥 추출물'과 '위치하젤 추출물' 등 '알란토인 성분' 등을 함유
해 민감성 피부 진정 및 보습에 효과적이다. 또한 하이포알러제닉 인체적용 시험
으로 입증된 무자극 케어 효과로 예민한 피부에도 걱정 없이 사용이 가능해 출시
직후부터 성분을 중시하는 여성청결제 사용자들에게 입소문과 함께 주목받았다.44)

---

44) 더샘·더마토리·LG생활건강 싹/데일리팝

3) 누리숲 포레스트 녹삼초 여성 청결제

15가지 자연유래 한약성분 추출물 처방

약산성 클렌징 (pH5.5)
※ 정확한 PH지수는 ±1의 오차범위가 있을 수 있습니다.

부드럽고 풍성한 거품 타입

저자극 안심세정

유향나무오일 적용으로 불쾌감 해소

용량 : 150ml / 피부타입 : 모든피부

[그림 119. 여성청결제 부문 3위 누리숲 포레스트 녹삼초]

 누리숲의 포레스트 녹삼초 여성 청결제는 건강한 와이존 케어를 위해 엄선한 녹차/삼백초/어성초가 함유된 약산성 여성청결제. 편리한 버블 펌핑형으로 청결한 사용 가능. 민감한 부위에 사용하는 제품인 만큼 부드러운 거품과 무동물성원료/무향료/무색소 제품으로 제조됐다.

4) 궁중비책 수딩 센서티브 워시

[그림 120. 여성청결제 부문 4위 궁중비책 수딩 센
서티브 워시]

　궁중비책의 '수딩 센서티브 워시'는 97% 자연유래성분으로 이루어진 산뜻한 젤 타입
의 여성 청결제다. 코코넛 유래 세정 성분의 부드러운 거품으로 민감한 부위를 순하
게 세정해준다.

　또한 사철쑥, 익모초, 구절초 등 여성의 몸을 따뜻하게 만들어주는 성분이 함유돼
피부를 편하게 진정시켜 주고, 식물 유래 프리바이오틱스 성분이 pH밸런스를 약산성
으로 유지하도록 도와준다. 뿐만 아니라 파라벤·페녹시에탄올 등 8가지 피부 유해의
심 성분을 배제해 더욱 안심하고 사용할 수 있다.

5) 아로마티카 단델리온 페미닌 젤

[그림 121. 여성청결제 부문 5위 아로마티카 단델리온 페미닌 젤]

여성청결제 제품 5위는 '아로마티카 단델리온 페미닌 젤 '이 차지했다. 아로마티카는 2020 화해 뷰티어워드 여성청결제 부문에서 1위에 이어 5위에도 이름을 올렸다. 아로마티카 단델리온 페미닌 젤은 약산성 젤타입 여성청결제으로 2중 바이오틱스가 함유되어 민감한 Y존 피부 환경을 건강하게 유지할 수 있도록 도와준다. 예민한 피부를 진정시키는 민들레추출물와 유기농 알로에베라잎 추출물을 더해 순하게 관리 할 수 있는 제품이다.

< 참고 문헌 >

- 생리대 관련 Q & A, 식품의약품안전처, 2017. 9. 28.
- 식품의약품안전처 보도자료, 2017. 5.24.
- 콧물같은 하얀 냉 고민에 여성청결제 추천…효과와 사용방법은?, 뉴스페이퍼, 2017.12.19.
- [기타뉴스]생리대를 둘러싼 '최초'의 기록들, 향이네, 2017.9.8.
- 면생리대부터 일회용 생리대까지! 생리대의 역사이야기 추천, 우생중 블로그
- 못믿겠다면서… '유해 생리대' 자료 그대로 공개한 식약처, 조선닷컴, 2017.9.5.
- [생리대 '유해물질' 논란]'팬티라이너'는 의약외품? 공산품? 위생용품?, 경향신문, 2017.8.24.
- 식약처 "시판중인 생리대·기저귀, 안전성 문제없다", 경향신문, 2017.9.28.
- 생리컵, 국내 첫 수입·판매 허가, 경향신문, 2017.12.7.
- 생리컵, 국내 판매 허가…올바른 사용법과 주의사항은?, 경향신문, 2017.12.8.
- 의약외품서 생리대 실적 2위…제품별로는 유한킴벌리 화이트 29위, 중앙일보, 2017.8.28.
- "유한킴벌리, 생리대 가격인상 철회해야", 컨슈머치
- 체내형 생리대 아시나요? 40살 동아제약 '템포' 질주, 뉴스핌, 2017.9.6.
- 식약처, 여성 생리용품 현황조사 및 안전 정보 제공, 식품의약품안전처, 2017.5.24.
- 이지앤모어 월경컵, 국내 최초 생리컵 식약처 허가 획득, 파이낸셜뉴스, 2017.12.14.
- 팬티라이너, 데일리 여성 위생 필수템으로 자리잡아, 조선비즈닷컴, 2015.7.31.
- 안심하고 사용할 수 있는 친환경 팬티라이너 '그날레시피' 선보여, 국민일보, 2017.12.18.
- "부끄러워 숨기는 건 옛말" 여성청결제 시장 급성장, 서울신문, 2017.4.2.
- 미국 1위 여성 청결제 국내 시장 진입, 코스인뉴스, 2013.3.9.
- 생리대 가격 선진국 2배..주범은 유한킴벌리?, 뉴스핌, 2017.8.29.
- "여성이라 내야하는 600만원"…생리대의 경제학, 머니투데이, 2017.9.10.
- '부작용 논란' 릴리안 생리대 사용자 66% 생리주기 변화, 연합뉴스, 2017.8.24.
- 빨아쓰는 면생리대 인기 폭발… 판매량 2200% 급증, 시장경제, 2017.11.1.
- "아내 위해 만든 여성청결제…미국·중국·일본서도 '여심' 잡을 것", 한국경제, 2017.5.17.
- [저성장시대, 일본기업의 성장전략 ①유니참] "세상은 넓다! 가치를 팔아라", 프레스맨, 2017.4.22.
- 웰크론헬스케어, 예지미인 '그날엔 순면 바바파파 에디션' 출시, 스포츠조선라이프, 2017.2.6.
- 12월 생리대 브랜드 1위는 화이트…2위 나트라케어, 3위 유기농본, 씨앤비뉴스, 2018.1.1.

- "1회용 생리대 때문에 생명의 고귀한 과정이 평가절하 됐다", 연합뉴스, 2017.2.6.
- "일회용 생리대 무서워 못 쓰겠어요"…면생리대·생리컵 품귀 현상, 아시아경제, 2017.8.25.
- 천연재료 사용으로 판매량이 급증한 '유기농 생리대' 3종, 조선비즈, 2017.8.28.
- [별별 마켓 랭킹]유해 생리대 파동 그 이후의 순위는?, 중앙일보, 2017.12.16.
- 빨아쓰는 '면생리대', 여성위생용품계 니치 상품으로 부상, 뷰티경제, 2015.7.7.
- 릴리안 생리대 안전성 논란에…면 생리대 인기, 타 브랜드 수혜, 중앙일보, 2017.8.24.
- 중국 생리대시장, 지속적인 성장세 보여, Kotra 해외시장뉴스, 2016.4.14.
- 베트남 생리대 시장에 기회 있을까?, Kotra 해외시장뉴스, 2017.1.17.
- [Global Economy] 너무 커져버린 P&G… '규모의 함정'에 빠지다, 조선비즈, 2015.12.9.
- 여성청결제 전문기업 ㈜하우동천, 무항생제 질염치료제 임상 2상 시험 1단계 완료 '안전성' 확인, 서울경제, 2017.6.12.
- 변화기 맞은 '생리대' 시장, 새롭게 재편성되나? 이코노믹리뷰, 2018.12.24.
- 생리대 97% 발암물질 검출… 해외직구도 안심 못 해/조선비즈, 안소영
- 탐폰 사용 현황과 시장변화/ 케미컬뉴스
- 삶을 바꾸는 새로운 시작! 100% 의료용 실리콘 생리컵 '프림로즈컵, 2020.01.29.
- [2020 한국소비자만족지수 1위] 여성용품·청결제 브랜드, 엠마녹스/ 한경business
- Euromonitor, 미국 통계청, 미국 무역행정청 및 KOTRA 뉴욕 무역관 보유 자료 종합

초판 1쇄 인쇄 2018년 2월 1일
초판 1쇄 발행 2018년 2월 5일
개정판 발행 2019년 6월 19일
개정2판 발행 2021년 3월 15일

편저 ㈜비피기술거래
펴낸곳 비티타임즈
발행자번호 959406
주소 전북 전주시 서신동 832번지 4층
대표전화 063 277 3557
팩스 063 277 3558
이메일 bpj3558@naver.com
ISBN 979-11-6345-242-3(13330)
가격 60,000원

이 도서의 국립중앙도서관 출판예정도서목록(CIP)은 서지정보유통지원시스템 홈페이지
(http://seoji.nl.go.kr) 와국가자료공동목록시스템 (http://www.nl.go.kr/kolisnet)에서 이용하실 수 있
습니다.